Der Frauenkodex

Das ungeschriebene Buch der Frau

von

Nina Tabea Berhuber-Scharniedling

Inhaltsverzeichnis

Vorwort

Gibt es Momente im Leben, bei denen man sich denkt: Ist es möglich, Frauen jemals zu verstehen? Da müssen wir Frauen eine Gegenfrage stellen. Kann man Männer in eine Kategorie eingliedern? Es ist eine Frage der Veranschaulichung. Das Buch wird von einer Frau verfasst und erörtert in einer Sicht der Perspektiven, Gedanken und Sinne der Frauen. Ausgehend vom Standard einer heterosexuellen Beziehung, über die Wahrnehmung des Gegenübers und den Kodex der Frauen.

Natürlich sehen sich Partner in einem ganz anderen Licht, wenn sie ineinander verliebt sind. Auch kann die Sicht der Frau abweichen, von diesem Buch, wenn es sich um Bi-oder homosexuelle Sichtweisen handelt.
Man merkt schon, das Buch kann nicht zu jedem Typ passen.

Es soll lediglich helfen, die Frau- „Hausfrau, Singlefrau, Fernwehhabende, Reise-begeisterte, Sportlerin, Mutter, Prosecco-Schlürfende, Einzelgängerin, Ehefrau, Partnerin, Kollegin, Miese-Peter, suborientierte, freigeistige, nach dem Sinn suchende, modebewusste, Powerfrau“ - endlich zu verstehen.

Und seien wir uns ehrlich, wir wollen doch alle nur verstanden werden.
Dem altmodischen treu geblieben, wird es in diesem Buch keine Genderausschreibung geben.

Es soll sich niemand ausgeschlossen fühlen oder sich gar in eine Schublade stecken lassen. Aber würde ich allen neu dazukommenden Schriftweisen folgen, dann würde das Buch zum Schluss so viele Seiten mehr auf die Waage bringen, als das Traumgewicht einer jeden Frau entspricht.

Wer ist die Autorin? Ich weiß nicht, ob man sich nach einem oder erst mehreren Büchern, Autorin nennen darf. Für mich ist das mein erstes Buch, indem ich, meine Sicht der Dinge niederschreibe. Meine Rolle im Leben ist Vollzeit-Mama, Teilzeit-Bürosekretärin, Ganztags-Ehefrau, Schichtzeit-Hausfrau und wenn man die Zeit dazu findet dann auch noch Wochenend-Autorin, wenn man so mag.

Ich bin genauso, wie jeder andere, der sein Leben meistert und in das Klischee eines perfekten „Hochzeit-Haus und Kind"- Traumes reinstecken kann. Ich komm nicht umhin mich zu fragen:
„Wie ist das Klischee einer perfekten Frau entstanden und was sind die Erwartungen daraus?"

Denken Frauen wirklich so viel, wie sie reden? Oder ist das auch nur einem Klischee, wie das, eines Blondienenwitzes. Wollen wir das bewusst erfüllen oder können wir gar nichts dafür, wenn wir Frauen einem Klischee gerecht werden.

Wiederholt kann ich nur sagen, dass das Buch aus einer Sicht einer normalen Frau entstanden ist und ich niemanden ausschließen oder gar beleidigen möchte, wenn die Auffassung eventuell in eine andere Richtung geht. Im Gegenteil. Ich würde mich freuen, wenn ich eines Tages ein Buch meiner Leser in den Händen halte, die vielleicht bestätigen oder auch abwehrten was ich hier schreibe.

Es könnte auch ein Anstoß sein, eine Themafindung, das Antworten-Buch zu verfassen. Das Werk als Objektiv zu benützen, um sich anders zu betrachten. Denn ganz objektiv gesehen, wir Frauen driften gerne mal in unseren Gedanken ab und werfen unlösbare Themen mal über den Haufen, um speziell auf eine Geschichte einzugehen. Ich schreibe so wie mir meine Gedanken in den Sinn kommen und verbiege mich auch nicht in meiner Ausdrucksweise wenn ich schreibe. Die Kapitel hängen nicht aneinander.

Wenn also ein Thema das Interesse weckt, kann auch in der Mitte des Buches zu lesen begonnen werden.
Im Volksmund sind wir Frauen ja ein ungeschriebenes Buch, was hier zu einem geschriebenen Werk verfasst wurde.

Zumindest ist es einen Versuch wert…

Also viel Spaß, an all jene, die den geheimen Frauenkodex jetzt lesen.

Kennenlernen

Glaubenssätze

Hört sich vielleicht klischeehaft an, ist aber genau das, was wir in fast jeder Lebenslage als Grundlage heranziehen. Die folgenden Glaubenssätze sind die, die uns heranwachsen lassen und in unserer tiefe verankert sind.

Die oberflächlichen Glaubenssätze sind jene, die uns nur in einer gegenwärtigen Situation helfen. Kurze Gedächtnisstütze: „Wer nicht wagt, der nicht gewinnt", „Wo ein Wille ist, ist auch ein weg", „Was du heute kannst besorgen, verschiebe ...nicht/stets... auf morgen".

Letzteres lässt Interpretationsmöglichkeit freien Raum. Wir suchen uns doch alle einen Schuldigen für unsere eigenen Probleme und sei es das Wetter, das als Leidtragender für das Unwohlsein des eigenen Kopfes herangezogen wird.
Die Frau ist vermutlich Weltmeister im Fehler-suchen und Schuldigen-finden. Auf das kommen wir noch zurück. Zu Anfang kommt es auf unsere tiefen Glaubenssätze an, die uns die Richtung zeigen und unsere weibliche Intuition leitet.
Was das mit unserem Kodex zu tun hat? Nichts und alles. Das sind eben Frauen.

Wir glauben an die Wahre Liebe

Jede Frau möchte auf Händen getragen werden. Das kleine fünf-jährige Selbst, das an Ritter, Prinzen und Könige geglaubt hat, dieses kleine Mädchen sind wir als Erwachsene immer noch. Nur sind wir uns unserer Zeit bewusst, das uns realisieren lässt, dass die herbei geglaubten monarchischen Helden nur noch in unserer Fantasie und in Märchen existieren.

Wir zweifeln dennoch nicht daran, dass uns Männer, wie Rapunzel aus dem Turm, erobern sollten. Das vermittelt uns Geborgenheit, denn der Eroberer kann es scheinbar mit jedem Aufnehmen. Es zeigt uns die Wahrhaftigkeit seiner Zuneigung. So wie einer der magischsten Glaubenssätze die jeder kennt; „Taten sprechen mehr als Worte".

Nehmen wir ein Beispiel, den Hochzeitsantrag. Die märchenhafteste Eroberung wie sie im Buche steht. Wenn das die wahre Liebe ist, dann verkündet man es der ganzen Welt und da zählt nicht, zuhause den Antrag schnell übers nervöse Gemüt bringen und anschließend auf Facebook zu posten.

Die Frau wird wahrscheinlich, wenn sie den Mann wirklich liebt, zustimmen und sich auf die gemeinsame Hochzeit freuen, aber ein Antrag der mehr Mut erfordert, lässt uns eher den Tränen nahe werden.

Der Ort, der ein Paar ergänzt, ist der richtige Ort für den Perfekten Antrag. Es muss ein Ereignis werden, an welches man sich immer gerne zurück erinnert ohne sich zu fragen: „Warum habe ich Ja gesagt?".

Ihr fiebert gerne bei einem Fußballspiel mit? , dann macht den Antrag in der Halbzeit im Stadion. Eure Leidenschaft ist es zu wandern und den Berg zu erklimmen? Schreibe die Frage in den Himmel, um der Botschaft noch näher zu sein. Es gibt so viele Möglichkeiten, das Märchen einer Frau wahr werden zu lassen, und den Glauben an die wahre Liebe nicht zu verlieren.

Wir glauben an uns selbst.
Wenn der Mann nicht an mich glaubt, dann glaube ich an mich und wenn ich es nicht schaffe, dann gehe ich zu meiner besten Freundin. Genau in der Reihenfolge, denn wir suchen immer um Bestätigung, um uns zu vergewissern, wer wir sind. Die perfekte Partnerin, Hausfrau, Mutter, was auch immer.

Wir sind der Stein der Weisen aus dem bekanntesten Buch einer Zauberer Schule, der Ring aus „Herr der Ringe“, das Valhalla aus „Vikings“.
Sind wir nicht! Aber wir hören und fühlen es gerne, wenn uns das jemand aus dem liebenden Umfeld sagt.
Erst dann glauben wir auch an uns selbst. Klingt kompliziert? Ja, Frauen sind das auch.

Wir glauben an das Gute.

Denn, es wendet sich immer alles zum Guten. Wir lassen uns sehr lange unsagbar schlecht behandeln, weil dieser Grundsatz in uns schlummert.

Liebe ist nicht immer schön. Liebe kann auch verrückte Formen haben. Eifersucht, was jemanden Verbote aussprechen lässt. Eltern sind streng zu Ihren Kindern und verbieten ihnen etwas. Eltern schreien sogar ihre Kinder an, bevor sie allein auf die Straße laufen, um sie zu schützen.

Die Intention dahinter ist immer Liebe. Schutz vor etwas Schlechtem, Verlusten oder aus Vorsicht.

Wir glauben an die Wahrheit.

Meiner Meinung nach kommt Stärke von Innen. Habt ihr den Satz schon einmal gehört: Jemand ist nur stark, wenn dieser sich in der Gruppe bewegt? Aber ganz ehrlich, die Unsicherheit ist in der Gruppe immer laut, während die Selbstachtung immer leiser wird und der Lügner das erzählt, was alle hören wollen.

Hat der Ehrliche nur einen ausgewählten Kreis an Menschen um sich. Aber das ist okay, denn diese Menschen, die dem Lügner Glauben schenken, spielen im Leben des Ehrlichen keine Rolle.
Die Ehrlichkeit währt am längsten.

Das Sprichwort trägt schon so lange in unserem Leben eine bedachte Rolle und gehört zu den Glaubenssätzen einer Frau, auf jeden Fall in die Top Ten. Das wieder spiegelt sich in unseren Lebenslagen etliche Male wieder.

Nehmen wir zum Beispiel die Kindererziehung. Jede Frau die Kinder hat und jeder, der eine Frau kennt die Mutter ist, hat sie bestimmt nicht nur einmal sagen hören:

„Ehrlichkeit währt am Längten, Kind, sag mir die Wahrheit, ich bin auch immer ehrlich zu dir." Sind wir das wirklich? Oder haben wir mit diesem Satz schon gelogen?

Denn was schlägt nicht die größten Elternlügen als die „ Das Christkind ist da", „Hast du den Osterhasen hüpfen sehen?" und „Hat dir die Zahnfee auch was unter dein Kissen gelegt?" Ich, als Frau sehe diese kindlichen Phrasen nicht als Lüge an. Denn damit belügen wir nicht uns selbst. Die Kindesträume sind genau das, was uns glauben lassen.

Die Zauberhafte Welt da draußen, die uns zu dem macht was wir sind. Die Einen sind neugierig, die Schönheit der Welt zu entdecken, und die Anderen voller Hoffnung, selbst in der großen Welt so hilfsbereit zu sein, wie der Weihnachtsmann.

Das ist der Kern unseres Glaubens und kann von keinem ausgelöscht werden. Denn irgendwann, werden wir Groß und erzählen auch unseren Kindern weiter an was wir immer noch glauben.

Ja, wir spalten gute und schlechte Lügen auf. Die schlechten Lügen, sind die, in der dein jugendlicher Sohn später als ausgemacht zur Tür hereinkommt und behauptet, er habe gar nicht über den Durst getrunken, während er schon in die Schuhe kotzt.

Wohl wissend lächeln wir Mütter die Erleichterung der Ankunft des Sohnes zuhause weg und sehen gleichzeitig das als Strafe genug an, dass der Sohn den nächsten Tag im Bett verbringt und seine Verabredungen verpasst. Das ist definitiv eine schlechte Lüge.
Das Eingeständnis der Tat ist offensichtlich schwerer, als die schlechte Lüge selbst.

Friendzone, warum tun Frauen das

Die konkrete Frage müsste lauten; warum tut man das überhaupt. Egal ob Mann oder Frau. In dieser Hinsicht ist die Empathie die Gleiche. Männer verlieben sich im Allgemeinen schneller als Frauen.

Daher wird das Thema bei Männern immer breit getreten. Im Endeffekt, so hart es auch klingen mag, ist der Mann selbst schuld wenn er in die Freundschaftsschiene reinfällt.

Denn wenn von Anfang an die Gefühle Preis gegeben werden, ist der einzig harmlosere Weg zu umschreiben, dass man entweder einfach nicht auf ihn steht oder dass der Weg in etwas Festes zu schnell geht. Frauen lieben das Kribbeln im Bauch, die Magie die wie es scheint, allein die Blicke verbinden lässt und alles rund um verblasst.

Das Gefühl die einzig Sichtbare in seinem Leben zu sein und umso länger der Zauber anhält, umso besser geht die Freundschaft in die richtige Richtung. Kommt dann noch das gewisse tiefe Verständnis und die Interessengleichheit hinzu, steht einem Näherkommen nichts mehr im Wege.

Es auch noch eine andere Möglichkeit, einen sich anbietenden Partner auf die Ersatzbank zu schieben. Und zwar: Wir stehen einfach nicht auf das, was wir sehen. Wie jeder seine Eigenheiten und Vorlieben hat, hat auch jeder einen gewissen Typ, den man attraktiv findet oder eben auch nicht.

Das Aussehen spielt für mehr als die Hälfte eine sehr große Rolle. Danach kommen der Charakter und anschließend die Hobbys und Interessen. Es kann alles an einem Stimmen, wenn man nicht der Typ ist, den die Frau attraktiv findet, wird man als guter oder alter Freund abgestempelt.

Der Punkt ist, die Frau steht nicht auf dich. Dic Interessen und Hobbys können trotzdem Spaß machen, wenn ihr auf demselben Level seid, aber die Nähe wird weiterhin abgeblockt.

„Ich möchte noch keine Beziehung, du bist mir als Freund zu wichtig und ich will dich nicht verlieren." Diesen Satz äußert nur eine Frau, die absolut nicht auf ihn steht.

Zerlegen wir diesen Satz in die einzelnen Satzglieder. „Ich möchte noch keine Beziehung“ ist eine Hinhalte-Technik. Das „noch“ symbolisiert, dass es immer noch eine Chance gibt und das Wort „niemals“ schwerer über die Lippen einer Frau fallen mag. „du bist mir als Freund zu wichtig“ das zeigt schon den Wunsch der Frau.

Den lebenslangen Stempel des Freundes, wird man nach diesem Satz nicht mehr los. „und will dich nicht verlieren“ Ja, die Bedeutung ist jetzt hart für männliche Leser.

In Hinblick auf die gewünschte Beziehung, sagt die Frau in anderen Worten; „In einer Beziehung würde ich dich verlassen und demnach verlieren, als Freund nicht. Die Beziehung wäre von Anfang an zum Scheitern verurteilt und würde zum Kontaktabbruch führen“.

Wenn man aus dieser Freundschafts-Zone ausbrechen möchte, gibt es nur eine ganz einfache Möglichkeit. Einfach so sein wie man eben ist. Es gibt nichts Schlimmeres für eine Frau, als einen Mann, der ihr ständig hinterher hechelt.

Die Evolution der Menschen zeigt schon die Jäger und Sammler. Während der männliche Part auf der Jagd ist, sammelt der weibliche Part die Früchte und Beeren. Kein Mann hat zuvor versucht, der Frau die Beeren hinterher zu tragen, um bei ihr zu landen.

Vielmehr trägt der triumphierende Mann das größte gejagte Tier zur Frau, um ihr zu beweisen, wie stark er ist. So ist es auch heute noch. Deshalb, wie zuvor schon erwähnt, einfach mal sich selbst sein macht einen Menschen viel attraktiver und zeigt seine wahre innere Schönheit.

Rote Lippen - Die geheime Macht der Farbe Rot

Es war einmal eine junge Frau namens Emma, die sich an einem sonnigen Tag in der Stadt befand. Sie hatte sich für ein Treffen mit ihren Freundinnen verabredet und wollte an diesem Tag besonders selbstbewusst auftreten. Also beschloss sie, ihre Lippen mit einem leuchtenden Rot zu betonen.

Als Emma die Straße entlangging, bemerkte sie, wie die Blicke der Männer auf sie gerichtet waren. Sie fühlte sich plötzlich wie eine Königin, die die Aufmerksamkeit aller auf sich zog. Doch was ist es genau an der Farbe Rot, das solch eine magische Anziehungskraft auf Männer ausübt?

Die Bedeutung der Farbe Rot reicht weit zurück in die Geschichte der Menschheit. Schon in der Antike wurde Rot mit Liebe, Leidenschaft und Verführung assoziiert. Es ist eine Farbe, die Aufmerksamkeit erregt und die Sinne anregt. Kein Wunder also, dass Frauen seit Jahrhunderten roten Lippenstift verwenden, um ihre Weiblichkeit zu betonen und die Männerwelt zu verzaubern.

Doch was genau geht in den Köpfen der Frauen vor, wenn sie sich für rote Lippen entscheiden? Emma hatte da so ihre eigenen Theorien. Sie glaubte, dass das Tragen von Rot auf den Lippen eine Art geheime Botschaft an die Männerwelt war. Es war ein Signal, dass diese Frau selbstbewusst, sinnlich und bereit für Abenteuer war.

In ihrer Vorstellung malte Emma sich aus, wie die Männer versuchten, die Bedeutung hinter den roten Lippen zu entschlüsseln. Sie stellte sich vor, wie sie in einer Bar saß und ein attraktiver Fremder sie ansprach. Er konnte seinen Blick nicht von ihren Lippen abwenden und fragte schließlich: "Was hat die Farbe Rot für eine Bedeutung?"

Mit einem verschmitzten Lächeln antwortete Emma: "Rot steht für Leidenschaft, Verführung und Abenteuerlust. Es ist eine Einladung, das Leben in vollen Zügen zu genießen und sich von der Magie des Augenblicks mitreißen zu lassen." Der Mann war fasziniert von ihrer Antwort und konnte nicht anders, als sich von Emmas Ausstrahlung angezogen zu fühlen. Er erkannte, dass es mehr war als nur eine Farbe auf ihren Lippen - es war eine Haltung, eine Einstellung zum Leben.

Und so begannen Emma und der attraktive Fremde eine aufregende Romanze, die von Leidenschaft und Abenteuerlust geprägt war. Die roten Lippen waren der Auslöser für eine Begegnung, die beide für immer verändern sollte.

Also, liebe Männer, wenn ihr das nächste Mal eine Frau mit roten Lippen seht, denkt daran, dass es mehr ist als nur eine Farbe.

Es ist ein Ausdruck ihrer Weiblichkeit, ihrer Stärke und ihres Verlangens nach einem aufregenden Leben. Also lasst euch von der Magie der roten Lippen verführen und taucht ein in die Welt der weiblichen Gedanken und Hintergründe.

Wie wirken Männer auf Frauen

Anders als aus einer Freundschafts-Zone heraus zu kommen, geht es hierbei wirklich um Männer, die eine neue unbekannte Frau in sein Leben ziehen wollen. Hier stellt sich die Frage; was bewertet eine Frau zuerst, wenn sie den Mann kennenlernt.

Bewertet sie das Aussehen, ob die Haare voll und gesund sind, oder wie er sich pflegt. Sind die Nägel sauber, trägt er einen Eau-de-Toilette oder wie kombiniert er sein Outfit. Es gibt eine Sache, auf die eine Frau schon viel früher achtet (unterbewusst), noch bevor sie den Mann von nahem gesehen hat.

Denn unsere Auffassung und wie wir uns entscheiden, ist am Ende ausschlaggebend, dass wir und auch der Mann attraktiver wirken.

Wenn beispielsweise eine Frau auf einen Mann trifft, der sehr unsicher mit seinen Entscheidungen umgeht, findet die Frau, den noch so gepflegten Mann, sehr unattraktiv. Das fängt schon bei einem kleinen Satz an, der so einfach ist und dennoch so wichtig.

„Willst du stilles Wasser oder Mineral?“ Hier fangen die ersten schon an zu straucheln und zu sagen; „Mir egal. Das was offen ist. Entscheide du.“

So geben sie die Entscheidung automatisch an das gegenüber ab. Entschuldigt wird es dadurch; „Na ja, ich mag halt beides, oder mir ist es ja wirklich egal“. Aber der Mann gibt sich da selber schon ganz klar ein Signal, dass er einfach nicht in der Lage ist, Entscheidungen zu treffen.

Gewöhnt sich der eine Mann die Eigenschaft des nicht schnell entscheidenden an, kommen immer mehr Situationen auf ihn zu, die ihn unsicher machen und ihn demnach auch auf Frauen so wirken lassen. Situationen wie; „Da muss ich noch mal eine Nacht darüber schlafen“.

Na ja, am nächsten Tag ist aber die Sache immer noch dieselbe. Das heißt, ob er jetzt dazwischen geschlafen hat oder nicht, bringt ihm nicht mehr Informationen als am Vortag. Er hat einfach nicht gelernt, sich schnell zu entscheiden und das hindert ihn daran, Erfolg zu haben.

Schnelle Entscheider wirken attraktiver und selbstbewusst. Schnelle Entscheider sind souverän und denen entgehen auch nicht so leicht gute Chancen.

Das projizieren wir jetzt auf die Frauen. Wie will ein unschlüssiger Mann in einer Beziehung das Ruder in die Hand nehmen, wenn es darauf ankommt.

Die Art von Männern, die nicht jede Entscheidung wegschieben oder erstmal eine Nacht darüber schlafen müssen, sondern sich aus der Intuition handeln können, sind auch die Gewinner bei Frauen.

Die Ansprüche einer Frau sind hoch. Jede weibliche Gestalt, hat einen gewissen äußerlichen Typ, den sie anziehend findet. Ob größer als die Frau selbst, jünger oder älter, vollbärtig oder rasiert, dunkel oder hellhäutig, lange oder kurze Haare, blau oder braunäugig.
Die Auffassung der Frau spricht viele Typen an. Jedoch Aussehen ist nicht alles. Eine sehr wortgewandte Persönlichkeit, die mit schlagfertigem Geschick und schnellen Entscheidungen profiliert, unterstreicht das noch so untypische Aussehen und lässt einen Mann die überhand auf die Frau gewinnen.

Es scheint ein Ding der Unmöglichkeit, all diesen Anforderungen gerecht zu werden. Die gute Nachricht: Ob die Chemie passt, ist wichtiger als jedes Männerbild.

Gute Gespräche und ein wertschätzender Umgang überwiegen oftmals Äußerlichkeiten und berufliche Erfolge. Hinzu kommt, dass viele Frauen sich zunehmend von alten Geschlechterbildern emanzipieren. Umso mehr drängt sich die Frage auf: Was macht Männer heute noch anziehend? Es kommt häufig schon auf die kleinen Dinge im Leben an, um attraktiver zu wirken.

Schönheit liegt immer noch im Auge des Betrachters. Egal, ob Wuschelhaare oder Glatze, Sixpack oder Waschbär-Bauch, es entscheiden immer noch Frauen, wer in ihren Augen ein attraktiver Mann ist.
Die Geschmäcker sind eben verschieden und individuell. Somit stehen jedem Typ Mann die Chancen als Anwärter auf die Kategorie „Traummann“ offen, solange er das Herz am rechten Fleck hat, ist nichts unmöglich.

Der perfekte Ort

Eine Frau die unabhängig und mit beiden Beinen im Leben steht, allein und selbstbewusst sich auf eine Partnersuche begibt, landet ganz bestimmt nicht auf einer Dating-Seite. Es ist bestimmt nicht zu verhöhnen oder zu verachten, denn es finden sich immer wieder Paare über das Internet, auch wenn es viele nicht zu geben.
Ganz ehrlich, es zeugt schon einer Verzweiflungstat, sich mitte vierzig auf Tinder und Co anzumelden um jemanden kennen zu lernen.

Ich möchte hier niemanden in den Schatten stellen, aber eine gestandene Frau, die weiß was sie will, lebt ihr Leben von Grund auf nach ihren Regeln und folgt ihren eigenen Interessen. Folglich treffen sich zu den Orten auch Andere, die dasselbe in ihrer Freizeit unternehmen und Spaß haben.

Da gibt es weniger Small-Talk mit den Sätzen die jeder schon zum Kotzen findet, wie: „Was machst du gerne in deiner Freizeit?“. Nein, da ist man schon mitten im Geschehen und kann Erfahrungen austauschen und die Sympathie sprießen lassen.

Drehen wir das um und stellen die Männer in dieser Hinsicht in den Vordergrund, macht es einen Mann um einiges attraktiver, wenn man ihn in Natura, ohne jeden Zwang vor Augen hat, als am Bildschirm im Computer.
Legt mir die Ketten an, ja ich bin altmodisch. Die Technik hat uns schon zu sehr eingenommen, ergo ist jeder Ort besser als der Bildschirm im eigenen Büro.
Na ja, oft ist eine Bar auch nicht gerade das Gelbe vom Ei.

Das Klischee, was uns Frauen zu den Bars offenbart, steht auch im Frauenkodex. Keinen Mann der es ernst meint, trifft man in einer Bar. Da fragen sich die Geister, was, wenn man den inneren Schweinehund nicht besiegt und Interessen hat, die allein mehr Spaß machen?

Wenn man von einem Stereotyp ausgeht, dessen sportlichstes Ereignis, was die Jogginghose je gesehen hat, der Schleudergang der Waschmaschine ist, ist die Frage leicht zu beantworten.
Der alleinige Spaß überwiegt das Interesse eine zweite Person in das Umfeld zu ziehen und ist da auch am besten aufgehoben, wo man eben gerade ist.

Packt man den Schweinehund allerdings mal an seinem Schopf und zieht die Schlabberhose mal aus den Gründen an, aus welchen sie von asiatischen Kinderhänden gemacht wurden und bewegt das Ding in die Höhe der Berge oder auf den Sportplatz, ergeben sich schon zweierlei Orte die spannender sind als das Innenleben einer Chips Dose.

Man kann sagen was man will und auch wenn es Frauen gibt die das behaupten, aber wir stehen auf Aufregung und ein bisschen Abenteuer, wenn es um den männlichen Part in unserem Leben geht.

Wir nehmen schon eine Menge Sachen hin, allerdings gehört Faulheit nicht dazu. Sicher, angenehme Sonntagnachmittage gemütlich im Garten oder der Terrasse zu verbringen gehört dazu.

Wenn sich der Mann einen vielversprechenden Abend in der Bar ausmalt, dann stehlen uns immer mal wieder nicht ernstgemeinte Anmachsprüche ein lächeln.

Anmachsprüche - Frauen flirten anders

Wieso verwenden Männer gerne einfältige Sprüche, um Frauen in ein Gespräch zu verwickeln. Wir glauben ja, sie wollen uns zum Lachen bringen, denn ein kluger Mann, kann so eine Anmache wohl kaum ernst meinen. Grundlegend lachen wir gerne und mit einem gewissen Alkoholspiegel geht das auch schon leichter von der Hand.
Zugegeben, es gibt schon sehr gute Sprüche, die auch nüchtern kein Auge trocken lassen.

Die 7 besten Anmachspüche:

- Tut mir leid, für deine scharfen Kurven. Ich bin einfach nicht mit den richtigen Bremsen ausgestattet!

- Ich muss dich leider Anzeigen wegen Diebstahl. Du hast mir nämlich mein Herz gestohlen.

- Liebe macht blind. Nimmst du mich an die Hand und führst mich zu dir nach Hause?

- Hast du zufällig ein Navi dabei? Ich suche nämlich den Weg zu deinem Herzen.

- Entschuldigung, ich glaube du hast da was im Auge. Oh, es ist nur dein Funkeln.

- Hallo, ich bin Möbelpacker. Kann ich dir beim Ausziehen helfen?

- Tun dir eigentlich die Füße weh? Du gehst mir schon seit Stunden durch den Kopf!

Die 9 lustigsten Anmachsprüche:

- Meine Eltern betreiben eine Schnapsbrennerei. Wollen wir sie besuchen und bei ihnen Rum-machen?

- Hallo, ich bin von der Polizei und muss dich festnehmen wegen unerlaubten Waffenbesitzes. Du bist nämlich eine echte Granate.

- Entschuldigung, suchst du zufällig einen Einsamen zum Einsamen?

- Hi, ich bin Schriftsteller und schreibe gerade an einem Telefonbuch. Deine Telefonnummer könnte ich noch gut gebrauchen.

- Wollen wir zusammen heute Nacht Sterne schauen? Ich hole dir auch einen runter!

- Bin ich etwa ein Lichtschalter? Jedes Mal, wenn ich dich sehe, machst du mich an.

- Ich hoffe du hast eine gute Vollkasko-Versicherung. Du hast mir nämlich gerade eine Beule in die Hose gemacht!

- Sind deine Eltern Architekten oder warum bist du so verdammt gut gebaut?

- Hey Praline, brauchst du noch eine cremige Füllung?

Ein ernstgemeinter Flirt klingt bestimmt anders. Andererseits kommt uns bei dem einen oder anderen Spruch schon ein herzhaftes Lachen aus.

Was machen die Frauen? Also entweder geben sie eine schlagfertige Antwort, sodass der Mann auch lachen muss oder wir nutzen unsere eigenen Sprüche um Männer die Stimmung zu erheitern oder einige Getränke zu ergattern, ohne dass die Geldtasche auseinanderfällt.

- Deine Augen verraten mir vieles, nur deinen Namen nicht.

- Du siehst spontan aus. Was hältst du von einem spontanen Getränk?

- Hey, wieso tauschen wir nicht mal Rollen und ich gebe dir etwas zu trinken aus?

- Hast du mir gerade zugezwinkert?

- Wenn du mich kennenlernen willst, musst du dich beeilen. Ich hatte gerade vor zu gehen.

- Es ist ganz schön selten, dass Männer tanzen können. Wollen wir es versuchen?

- Kannst du etwas für dich behalten? – Ja was denn? – Mich, und zwar für immer!

- Wer hat nur die Diamanten gestohlen, um sie in deinen Augen zu verstecken?

- Hast du ein Foto von dir dabei? Ich möchte dem Weihnachtsmann helfen, meinen Wunschzettel zu erfüllen.

Gute Anmachsprüche sowohl für Frauen, als auch für Männer zu finden, ist gar nicht so einfach. Denn es gibt sehr viel mehr schlechte, als gute Anmachsprüche.

Meist sind sie viel zu gestellt und künstlich und wirken deshalb schnell unfreiwillig albern. Dennoch kann es durchaus hilfreich sein, sich den ersten Satz vorher zurecht zu legen.

Steht man erstmal vor seinem Objekt der Begierde, wird man nicht selten nervös und es verschlägt einem die Sprache. Den Einstieg für sich klar zu haben, ist deshalb gar nicht so schlecht.

Wichtig ist, dass man sich selbst nicht zu ernst nimmt. Ein offenes und freundliches Lächeln oder ein leicht schüchternes Schmunzeln kommt sehr viel besser an, als eine selbstzufriedene oder überhebliche Miene.

Wir haben gelernt: Es gibt wenig gute Anmachsprüche und selbst die Charmantesten kommen nicht immer gut an. Die Geschmäcker sind hier einfach verschieden.

Wenn du jemanden sehr interessant findest, ist es oft besser, das Gespräch mit einer ehrlichen Feststellung beginnen wie „Ich hab dich gesehen und finde dich interessant. Hättest du auch Lust, mit mir etwas zu trinken?“.

Überhaupt ist hinzuzufügen, dass höchstwahrscheinlich Männer, die im zweistelligen Alter eine drei davorstehen haben, weniger das Verlangen zur Verwendung von zurechtgelegten Sprüchen neigen.

Sie strotzen vor Potential und glänzen schon mit ihrer bloßen Anwesenheit, wenn sie einen Raum betreten.
Die Traumvorstellung einer jeden partnersuchenden Frau, von solch einer männlichen Rarität zu einem Treffen in ein Restaurant eingeladen zu werden.

Das Treffen !

Zeichen der Begrüßung und Verabschiedung

Wie wichtig uns eine Person ist, erkennt der Mann schon bei der Begrüßung zum ausgemachten Essen. Handelt es sich um ein Mitleidessen, eine „Ich-habe-gerade-nichts-Besseres-zu-tun" Verabredung oder wir freuen uns unsagbar auf das bevorstehende Treffen. Offensichtlich ist natürlich das Äußere.

Sind wir Frauen wirklich aufgeregt, wird jedes potentielle Kleid anprobiert und die Frisur in jede Richtung gekämmt, bis das Gesamtbild Unübertroffenheit ausstrahlt. Frauen sind bei ersten Verabredungen nicht weniger nervös. Doch wie so viele andere Emotionen, verstecken Frauen ihre Gefühle besser als Männer, wenn es darauf ankommt.

Abgesehen vom äußeren Erscheinungsbild, sind versteckte Dinge, ob Gefühle oder Materielles, immer auffindbar und nicht vom Erdboden verschluckt wie es zunächst scheint.
Die Aufregung oder eben das Unwohlsein ist zunächst in der Gestik schon lesbar.

Eine sehr förmliche und auf Distanz gehende Haltung der Frau, wie ich finde. Die weibliche Intuition sagt uns innerlich, dass wir eine Voreingenommene Meinung haben und lieber keine nähere Zuwendung wollen. In diesem Fall lockert ein lockerer Spruch oder ein bekannter Witz die angespannte Stimmung auf.
Der Mann, der das kann, hat meinen Respekt verdient. Denn auf gar keinen Fall sollte der Mann in dieser heiklen Erwartungshaltung der Frau, jetzt mit einem gesunden Sarkasmus beeindrucken wollen. Das wird in der Laune, oft falsch verstanden und sie hat viel zu wenig Vorlaufzeit um darauf schlagfertig zu antworten, auch wenn sie es könnte.

Daraufhin wird sie unsagbar eingeschüchtert und traut sich auch nicht mehr ihre Meinung und ihre Person klar darzustellen. Das endet in einem traurigen Teufelskreis, weil sich der Mann auf ihre Reaktion hin, missverstanden fühlt und seine eher lockere Art schnell verliert. Das Treffen wird so ganz bestimmt schnell beendet und keiner hatte die Chance den anderen besser kennen zu lernen, geschweige denn sein wahres Ich Ausdruck zu verleihen.

Umgehen wir die peinliche Situation und achten wir auf die Begrüßung, denn umso leichter der Händedruck ist, desto unsicherer ist sie.

Lässt der Mann von ihr erzählen, so lockert er das Gespräch mit Komplimenten auf, die die Frau, wenn sie den Frauenkodex kennt, ganz bestimmt nicht verneinen wird.

Das Treffen wird wie von Zauberhand zu einem wahren Vergnügen und auf ein baldiges Wiedersehen ist nicht zu hoffen, sondern zu erwarten.

Händedruck mit Küsschen auf die Wangen bei der Begrüßung, heißt schon eine gewisse Sympathie ist vorhanden und sie ist einer Annäherung nicht abgeneigt. Zu diesem Anfang gehört schon mehr Selbstbewusstsein dazu und schlagfertige Aufforderungen ist diese Frau bestimmt gewachsen.

Sie wird die Gesprächsthemen ernst nehmen und wendet gerne einen neckischen Sarkasmus an, um den Gegenüber zu testen. Wenn er die gleiche Einstellung hat, trifft er bestimmt ins Tor.

Wandert die Hand beim Wiedersehen zur Schulter und begrüßt mit zweien Küsschen auf die Wange, dann freut sie sich wirklich, dich wieder zu sehen. Sie will keine Themen ansprechen, die zu einer Diskussion führen, Nein, sie will flirten!

Das Gespräch selbst, ist in diesem Fall mehr als egal und selbst wenn man sich nur anschweigt, muss das nichts Schlechtes heißen.

Ein tiefer Augenkontakt ist einer der besten Arten zu flirten und da muss man auch keine Konversation führen. Die Augen sind die Tore der Seele und gerade für uns weibliche Lebensformen, das Instrument für mehr Intimität.

Im beruflichen Umfeld wird häufig auf dominante Blickwechsel gesetzt. Nur nicht den Kontakt unterbrechen und wegschauen, wenn es um wichtige Themen und Verhandlungsziele geht! Das zeigt Dominanz und Stärke. Wer zuerst blinzelt, hat verloren! Wer kennt noch das Spiel aus seiner Kindheit?

So zeigt der Schwächere seine Identität und unterliegt der Durchsetzung wichtiger Verhandlungsziele.

Wenn Einschüchterungstaktiken nicht gerade zur bewusst gewählten Kommunikationsstrategie gehören, sind kurze Unterbrechungen aber deutlich sinnvoller. Um in jedem Fall interessiert und offen zu wirken, sind kurze Wechsel zwischen dem Augenkontakt und der Umgebung wesentlich sinnvoller.

Wer sich mit ungehindertem Augenkontakt schwertut, konzentriert sich auf einen imaginären Punkt zwischen den Augen oder auf der Stirn. Diese Situation hast du bestimmt schon im Fahrstuhl beobachtet.

Einander unbekannte Menschen bemühen sich, möglichst wenig in die Augen der anderen Fahrstuhlnutzer zu blicken. Stattdessen studieren sie intensiv den Boden, die Decke oder starren ins Handy, ohne es wirklich zu benutzen.

Der Grund dafür? Augenkontakt schafft Nähe. Die bereits reichlich vorhandene körperliche Nähe im beengten Fahrstuhl macht die zusätzliche Intimität durch zu intensive Blickkontakte oft unangenehm und wird deshalb durch das Abwenden des Blicks vermieden.

Um das herauszufinden, ob es sich um Dominanz oder flirten handelt, gibt es Testfragen, die jede Frau aus ihrem Bauchgefühl heraus beantworten wird und ihre Gefühle nicht verstecken kann.

Nr. 1. Was sagst du zu dieser wichtigen Sache?
Nr. 2. Darf ich mich zu dir setzen?
Nr. 3. Möchtest du mit mir Mittagessen gehen?

Jeder Flirt beginnt damit, dass sich Augenpaare suchen und finden. Gänzlich unbewusst zeigt sich in der Reaktion von Pupillen und Blickkontaktlänge, wer an wem Interesse hat. Erst nach einer ersten positiven Reaktion kommt es in aller Regel zum weiteren Flirten.

Liebende versinken nur zu gern im Blick ihres Herzensmenschen. Augen gelten schließlich nicht umsonst als Tor zur Seele. Die intime Nähe durch den intensiven Augenkontakt hat sogar körperliche Auswirkungen. Atmung und Herzschlag gleichen sich bei längerem Blickkontakt aneinander an. Ganz wortwörtlich schlagen dann zwei Herzen im gleichen Takt.

Eine Umarmung als Begrüßung deutet auf eine tiefe Verbundenheit hin und die Zuneigung ist unbestreitbar. In diesem Treffen kann der Mann nichts falsch machen. Egal in welche Richtung sich das Gespräch bewegt, lustig oder tiefgründig, sie wird auf derselben Wellenlänge verharren.

Benutzt die Frau beide Hände bei der Begrüßung, dann Vorsicht. Die Frau ist regelrecht Beziehungsgeschädigt und hängt sich förmlich verzweifelt an einen Mann, egal welcher ihr gerade wortwörtlich in beide Hände läuft. Gibt der Mann ihr gutmütiger Weise eine Chance, sie besser kennen zu lernen oder weil er es einfach nicht weiß, dann achte auf ein Zeichen.

Wiederholt sich ungewöhnlich oft mit ihren Sätzen oder Erlebnissen, oder redet sie nur über traurige Ereignisse aus ihrem Leben? Männer, nehmt euren Sack in eure beiden Hände und lasst euch schnell ein ertragbares Alibi für den Abend einfallen und seht, dass ihr Land gewinnt!

Diese Zeichen der Begrüßungen zählen auch für die Verabschiedungen, um zu merken, wie der Abend verlaufen ist. Von einer Skala vom Händeschütteln bis hin zur Umarmung, ist alles möglich. War der Abend toll wird es im besten Fall eine Umarmung, war er jedoch schlecht, dann ist mit einem Händeschüttler rechnen.

Denn um nochmal auf den Frauenkodex hinzuweisen, Sex vor dem dritten Treffen, ist bei einer anständigen Frau immer Tabu! Sollte sie dennoch darauf bestehen, den Abend über die Nacht fort zu setzten, tja, dann beschreibt das, die Frau in der Regel als One-Night-Stand.

Der One-Night Stand

Die Gesellschaft verhöhnt das Verlangen der Frau nach einem One-Night-Stand. Die gewollte Jungfrau eines Mannes, wäre so doch kaum noch zu finden.

Das ist sicherlich eine Sichtweise. Eine andere wäre aber, festzustellen, dass es auch in sexuell liberalen Gesellschaften noch lange nicht so liberal zugeht, wie wir meinen.

Um auf den Frauenkodex hinzuweisen, zählen wir die Begegnungen eines einmaligen Trieblinderers, nicht zu unserer gefragten Liste der Männereroberungen dazu.
Abgefragt von Schwiegermütter oder potentiellen Partnern, denen es wichtig ist, vermeintlich der Erste zu sein, der in den Pool hüpft.

Frauen und Lust, das ist eine schwierige Allianz. Da hat sich auch mit der sexuellen Revolution der 1968er nichts geändert.
Die männliche Lust gilt nach wie vor als gesetzte Naturgewalt. Frauen hingegen gelten weniger lustgesteuert, sondern eher als feinfühlig. Sie inspirieren Lust, es brodelt auf keinen Fall in ihnen, munkeln die Nichtsahnenden.

Frauen leiden dadurch bei One-Night-Stand's unter der Angst vor der schlechten Reputation. Ein Bedauern, das sich bei Männern nicht einstellt.

Die Angst um den eigenen Ruf muss gar nichts mit sozialem Ausschluss zu tun haben. Diese Angst wirkt viel subtiler, viel banaler.
Eine Bekannte erzählte mir, sie würde sich dafür schämen, wenn ein One-Night-Stand in ihrer Wohnung sehe, dass sie einen Kondom-Vorrat hätte, weil er dann denken könnte, sie hätte öfters One-Night-Stand's. Na ja, man könnte meinen Stigmata sind Absurditäten egal.

Zum gynäkologischen sei Dank, gibt es heutzutage eine Reihe von nicht synthetischen Verhütungsmittel, was zwar ein großes Risiko einer ungewollten Schwangerschaft verhindert, jedoch nicht die sexuell übertragbaren Krankheiten.

Von daher geht es darum, zu verstehen, wie diese Ängste einer schlechten Nachrede und körperlichen Beschämens auf uns Frauen wirken. Das ist natürlich schwierig und doch drängen sich mehrere Fragen auf.

Wer, wen zuerst anspricht und wie wir uns, als Frau, dabei fühlen.
Warum dürfen Männer damit hausieren und Frauen müssen sich schämen oder es gar verleugnen.
Was erfragen sich Frauen untereinander, wenn sich das Thema der einmaligen Stunde in einer Frauenrunde breit macht?

Ein One-Night-Stand kann ziemlich in die Hose gehen, klar. Aber wer sich für seine Lust schämt, bei dem ist es viel wahrscheinlicher.

Wir Frauen reden nicht darüber und wenn doch, gibt es eine Floskel die wir verwenden, die wiederum auch im Kodex verankert ist.
Der Kaffee hinterher!

Wir Frauen unter uns, erfragen nicht im direkten Sinne, die Einzelheiten, sondern, wenn es gut zu Ende ging, trinken wir morgens noch einen Kaffee und wenn nicht, wird schnell von Dannen gezogen, bevor die Begegnung die Augen morgens öffnet. Eine Thematisierung bei Freundinnen oder Gleichgesinnten wird schlicht gehalten: „Der Kaffee war gut."
Während Männer für die nächste Eroberung ein High-Five Handschlag ergattern.

Bei einer Frau zuhause zu landen ist für einen Mann schon ein Triumpf. Sollte es auch, denn einen X-beliebigen lassen wir auch nicht diese Pforten überschreiten. Regel im Frauenkodex, die Immer-Tabus.

Gegenteilig zum Klischee des „Ein-Mal-und-Nie-Wieder“ kann aus einer Begegnung und Kennenlernens viel mehr werden.

Gehen wir vom besten Szenario aus und die Frau verliebt sich und eine innige Partnerschaft ist nicht aufzuhalten.
Da treten Situationen auf wie zum Beispiel:

Nein

Die Situation: Er bestellt uns etwas zu Essen und fragt sie, ob sie sich auch etwas zu Essen nach Hause liefern lassen möchte?
Sie sagt Nein. Sobald das Essen angekommen ist, wird von der Frau feierlich mitgenascht und der Vorwurf auferlegt: „Ja du hast ja nichts für mich mitbestellt.“
Was geht da im Kopf der Frau vor?

Wir denken zunächst an die Uhrzeit. Ist es schon zu spät für eine Mahlzeit, oder würde es den selbst auferlegten Diätplan über den Haufen werfen, der ihr Selbstbild leitet. Wir müssen doch immer gut aussehen für unseren Partner und wenn der uns nicht mehr möchte, dann bin ich auch nicht mehr gut genug für mich.

„Eigentlich habe ich gar keinen Hunger mehr. Besser ich trinke ein Glas Saft und leg mich dann später schlafen." So die Antwort, geführt von unseren Glaubenssätzen in unseren Gedanken und somit ist die Antwort einfach nein.
Steht das Essen jedoch direkt vor der Nase, macht sich der Urinstinkt des Fressneides bemerkbar und wir wollen natürlich mitessen.

Nicht nur der Fressneid ist daran schuld, jetzt die ganze Packung Pommes hinter die Kiemen zu kippen, auch das Rudeldenken spielt eine Rolle. Der Gedanke ist dann: „Ja wenn er jetzt was isst und ich auch, dann haben wir beide was im Bauch und bin um das gleiche Essen schwerer geworden als der andere.
Also muss ich nach dieser Logik auch keine Diät halten. Wenn alle anderen essen, kann ich auch was essen."

Jetzt kommt der Vorwurf ins Spiel. Wieder aus Grundsätzen heraus, versuchen Frauen, sich selbst als die Unschuldige darzustellen. Kann man jetzt nicht generalisieren, denn nicht jede Frau ist gleich, jedoch die Art von Frau, kann ihre eigenen Konflikte nicht lösen und hat in sehr vielen Facetten ihres Lebens Selbstzweifel.

Woher rührt das? Es kommt wie so Vieles aus der Kindheit. Entweder hat sie ihre Eltern nie streiten sehen oder sie hat womöglich häufig mitbekommen, wie die Eltern einen Streit vor ihr anfangen, aber nie, wie die Eltern den Konflikt beenden. Klar, die Eltern meinen es gut und wollen vor den eigenen Kindern nicht eine Konversation ausfechten, um das augenscheinliche Kleinkinddenken zu wahren. Stimmt allerding nicht. Jeder Charakterzug wird irgendwann erlernt, ob man will oder nicht.

Wenn es die Eltern den Nachkömmlingen nicht beibringen, egal ob bewusst oder unbewusst, dann lernt man es später in einer Partnerschaft. Wie im Beispiel beschrieben, löst das eine Konfliktsituation aus. Der Mann denkt sich: „Ich habe doch einfach nur Essen bestellt und da du nichts wolltest, bist du selber schuld.“

Wie kann ein Mann mit so einer Art von Frau umgehen? Befindet sich das ganze Spiel noch am Anfang des Kennenlernens, dann ist es womöglich besser, die Füße in die Hand zu nehmen und loszulaufen. Weit weg! Die Frau sucht sich immer einen Grund in eine Auseinandersetzung zu gehen und befindet sich sicher nicht im Gleichgewicht mit sich selbst und kann oder will keine Entscheidungen für sich treffen.
Wenn dem Mann jedoch sehr viel an ihr liegt, ist es ratsam diesen Situationen aus dem Weg zu gehen oder die Frau damit zu erziehen. Ersteres geht ganz einfach.

Wenn der Mann schon weiß, dass Sie dann bei ihm wieder mitisst und er das nicht will, dann sollte er als Mann einfach einen Burger „zu viel" mitbestellen und ihr nichts davon sagen.

Der Mann ist in seinen Gedanken froh, über den Dingen zu stehen und sie zufrieden gestellt zu haben. Wie erzieht man in dieser Situation eine Frau?

Zum einen kann man die Frau überreden sich etwas mitzubestellen, das ist meist nicht leicht und erfordert einen hohen Zeitaufwand.

Da die Männer aber einfach gestrickt sind und mal nur schnell was essen wollen und aus dem Grund auch was bestellen, um nicht ein drei Gänge Menü kochen zu müssen, haben Männer auch keine Lust und Energie länger zu diskutieren.
Wenn man weiß, wie die Frau tickt, kann die Diskussion vom Mann auch gewonnen werden. Ist nur eine Frage des Willens.

Zweitens könnte man die Frau an Ihre Gewohnheiten erinnern, ihr noch einen Bestellvorschlag servieren. Das könnte zum Beispiel so klingen:
„Meine Liebe, ich weiß du machst gerade eine Diät oder achtest sehr auf dein Gewicht. Du hattest beim letzten Mal aber auch Hunger und schau, ich esse nicht gerne alleine. Ich liebe das an dir und noch viel mehr, wenn wir beide den heutigen Abend etwas gemeinsam machen. Ich lade dich ein, bestell was du möchtest und es gibt da auch dein Lieblingsessen."

Vielleicht könnte man sie noch an die Uhrzeit erinnern, wenn das Restaurant auch gleich schließt, so geht die Entscheidung auch etwas schneller.

Das Erziehen funktioniert aber nur auf diese eine Situation und wie zu Anfang erwähnt, wird sich diese unsichere Frau immer in eine Auseinandersetzung begeben, um ihre eigenen Kämpfe zu beenden.

...oder so eine, wie....

Frage mich

Die Situation: Die Frau hat irgendwas erlebt an dem Tag was sie aussprechen möchte, aber nicht unaufgefordert. Nein, sie will, dass es dem Mann auffällt, dass etwas nicht stimmt und ihr die Aufmerksamkeit schenkt, die in ihrer Auffassung ermessen ist.

Wenn die Frau etwas in sich hinein frisst und sie will, dass der Mann sie danach fragt, er es aber einfach nicht tut, dann platzt es am späteren Abend aus ihr heraus und sie ist sauer. Er weiß natürlich nicht, was er falsch gemacht hat. Was kann man als Mann tun, um Frauen ein bisschen besser zu verstehen.

Wir nehmen noch einmal die Situation, die Frau möchte vom Mann gefragt werden und wird wütend, weil es ihm (ihrer Ansicht nach) egal ist wie ihr Tag war. Sie verbringen einen ganz normalen Abend und auf einmal platzt es aus ihr heraus.

Die Frau wünscht sich unterbewusst, dass der Mann merkt, was mit ihr los ist. Sie will mit ihren Bedürfnissen und Gefühlen direkt wahrgenommen werden, ohne dass Sie immer den Anstoß gibt.
Das kurioseste an der Sache ist, dass die Frau meist mit ihrem Verhalten oder ihrer Körpersprache gar nicht so sehr den Eindruck vermittelt, sodass der Mann überhaupt merken könnte, das etwas gesagt werden muss. Frauen können ihre Emotion sehr gut überspielen, um das zu bekommen, was sie möchten und seien es nur unaufgeforderte Aufmerksamkeiten.

Was kann jetzt der Mann tun, um diesen immer wiederkehrenden Konflikt aus dem Weg zu gehen. Frag die Frau einfach jeden Tag, wie es ihr geht. Hat der Mann so eine Frau in sein Leben angezogen und führt jetzt eine Beziehung mit ihr, dann sollte er sich fragen, ob in seiner Kindheit zu wenig über Gefühle gesprochen wurde.

Das Leben ist ein Lenkmechanismus und hört bei niemandem auf, Prüfungen überraschend einzuwerfen, bis wir aus ihnen lernen.

Was würdest du gerne?

Frauen denken mehr als Männer über einen Abschnitt nach, ihr fallen viel mehr Details in ihrer Umgebung auf, die einem Mann gar nicht Bewusst sind. Noch ein Beispiel der Konversation um aneinander vorbei zu reden:

Der Mann gibt der Frau Bescheid, sich an diesem Abend, trotz einer Einladung, nicht mit den Freunden zu treffen und fragt in diesem Zuge, was sie für diesen Abend geplant hat.

Sie hinterfragt die Absage ihres Mannes mit dem Satz: „ Würdest du denn gerne hin gehen, wenn ich heute Abend lieber ein Buch lese?“ Er erwidert diese Aussage und zählt nur Tatsachen auf; „Hast du nicht zu gehört? Ich habe doch abgesagt.“

Der Frau geht es nicht um die Tatsache der Absage seinerseits der Feierlichkeiten. Die Frau ist immer im Guten mit Ihren Aussagen und plant nicht immer direkt eine Konfrontation.

Sie möchte ihm nicht aufzwingen zu Hause zu bleiben. Beide Partner sollen doch tun können, was sie am liebsten machen und Freude dabei haben, um gelassen, nach einem tollen Tag, wieder nebeneinander ein zu schlafen.

Was macht es schon, wenn er sich abends mit Freunden trifft und sie lieber unter einer warmen Decke liegt und ein Buch liest, solange er den Weg nach Hause findet, ist doch alles gut. Eine Kletten hafte Art der Beziehung fordert immer eine einseitige Einbüße.
Egal ob Mann oder Frau, einer davon bricht irgendwann aus. Abgewichen von der Konversation, entschließt die Frau in diesem Kontext, dem Mann seinen wahren Wunsch zu entlocken und zu ermutigen, dass das auch okay ist.
Siehe da, natürlich, geht der Mann auch gern zu seinen Kumpels. Allerding nur im Glauben seiner Worte, denn er ist bei seiner Tochter, nach einer Gutenachtgeschichte, gemütlich eingeschlafen. Männer, nehmt euch selber an der Nase, denn mit Sätzen, die einen in Konflikte bringen, seid ihr auch ganz weit vorne. Am nächsten Morgen nämlich, trägt dann sie die Schuld daran, dass er eingeschlafen ist. Er wollte doch einmal mehr Zeit mit ihr verbringen und die böse Frau, die lässt ihn einfach schlafen.

Was soll das jetzt? Betrachten wir die Gegebenheit von beiden Seiten:

Der Mann wollte am Samstagabend seiner Frau zeigen wie wichtig sie ihm ist, dass egal ob er eine Einladung von seinen Freunden erhält, er schon vorher absagt, um Pläne mit ihr zu machen. Damit sie das auch weiß, denn, na ja, woher denn auch, teilt er ihr diese Info gleich mit. Er sieht das alles sehr liebevoll und die Frau hinterfragt dann plötzlich alles. Was für eine Zimtzicke. Ist das alles nicht schon genug, lässt sie ihn einfach schlafen, da wo er liegt. Er hätte doch so gerne Zeit zusammen verbracht, einen Film angesehen und einen Wein getrunken.

Von der Seite betrachtet, klar ist der Mann dann sauer. Nur wir Frauen, wissen natürlich, dass die Situation von ihm nur gut gemeint war und wollen ihm auch etwas Gutes tun.

Da wir wissen, dass der Alltag sehr anstrengend sein kann, lassen wir ihn doch schlafen, wenn er schon so müde ist. Vor allen Dingen, ist einer der müde ist, generell kein guter Gesprächspartner eines frühen Abends.
Mit einem Vorwurf rechnen wir in unserem guten Gewissen auch nicht.

Ein perfektes Beispiel um aneinander vorbei zu reden und nur das Beste für den anderen zu wollen. Wenn man es von beiden Perspektiven betrachtet, ist zu erkennen, wie unsinnig so ein Streit gewesen wäre. In Gedanken wissend, dass man es nur gut gemeint hat.

Beziehung

Schlechte Angewohnheiten

Frauen reden nicht nur viel, sondern die Wörter sind auch in Ihren Gedanken. Zeitliche Abläufe, Erledigungen, Termine, Wünsche, Gespräche, die ins Leere verliefen und noch vieles mehr, verankern sich in den Köpfen der Frau.

Wenn also die Frau, die wirklich schlechte Angewohnheit hat, einem ins Wort zu fallen oder ganze Gesprächsthemen zu unterbrechen oder gar aus dem Nichts das Thema zu wechseln, dann rührt das aus dem Blitzgedanken heraus, das im Köpfchen schnellstens als erledigt anzusehen. Die Männerwelt sollte uns nicht böse sein, wir Frauen denken einfach viel zu viel.

Die Angewohnheit abzulegen wird nicht einfach von jetzt auf gleich geschehen. Jeder Mensch hat eine schlechte Angewohnheit, sein wir doch ehrlich zu uns selbst. Die Eine beißt ihre Fingernägel und Nagelhaut ab und der andere kommt immer zu spät. Sind wir nicht genau deshalb menschlich, weil wir Fehler haben? Männer nutzen die perfektionistische Ader der Frau, um ihre eigene Ansicht auf sie zu projizieren. Verständlicherweise ist die Art nicht die Feinste einem ins Wort zu fallen und das wird vom Mann angeprangert.

Die perfekte Frau tut alles dafür, ihren Weg umzusetzen, um den Mann zu gefallen. Wir sehen unsere Eigenschaften auch selbst und verstehen die Kritik.

Die Frau, die jedoch im Feindgang mit dem Mann ist, wird im Zuge einer an sich gerichteten Kritik, den Fehler bei ihm suchen und ihm auf die Nase binden, damit sie ihre Fehler nicht ändern muss oder um nicht allein mit einer Veränderung da zu stehen. Das ist der Spiegel vom eigenen Selbst.

Im ersten Fall, nimmt sie sich den Wunsch des Partners zu Herzen und deponiert es in ihren Gedanken, um es hervorzuholen, wenn die Gegebenheit erneut eintritt. Gleichzeitig beherrschen die Gedanken unser fraulich gebautes großes Mundwerk.

Wir Frauen müssen immer wieder auf den gleichen Fehler hingewiesen werden, um daraus zu lernen. Lieber mit netten Worten und liebevollem Ton, denn wenn sie sich beim ersten Mal die Kritik zu Herzen genommen hat, dann legt sie auf deine Meinung sehr viel Wert und wird es auch umsetzen wollen.

Im zweiten Fall, sollte man sich selbst die Frage stellen, ob die gesamte Beziehung in Feindschaft verläuft.
Denkt man kurz in diesem Zusammenhang nach, lässt sich schnell feststellen, ob es sich um ein liebevolles necken handelt oder ein tiefer Groll verborgen ist. Schweigen ist Silber, reden ist Gold.

Das heißt nicht mit einer geschriebenen Nachricht kurz das Thema behandeln. Viele Gründe stehen hinter einem Verhalten und können thematisiert werden. Im Einzelnen werden sie gelöst oder sie zählen zu den Angewohnheiten oder gar zur Persönlichkeit des Menschen, die man keinesfalls ändern kann. Wir alle sind nicht perfekt und das ist auch gut so.

Ein weiser Mann hat mir früher mal gesagt: „Hast du ein Problem, dann finde eine Lösung. Gibt es keine Lösung, dann mach kein Problem daraus!“

Schlechte Angewohnheiten schleichen sich in jede Beziehung mal ein. Das ist nun mal so. Aber: Das muss nicht so bleiben. Denn wer die Fehler frühzeitig erkennt, kann der Liebes-Falle entkommen.

Diese Gewohnheiten in Beziehungen halten die meisten Personen für normal, tatsächlich können sie aber sehr schädlich sein.
In der Schule lernt man Sonette zu interpretieren, die Fläche eines Kreises zu berechnen und den Unterschied zwischen Rhombus und Quadrat zu erkennen. Wie man eine Beziehung führt, wird aber nicht gelehrt. Abgesehen davon, dass es nicht im Lehrplan steht, wissen die Lehrer oft selbst nicht, wie das denn eigentlich funktioniert.

Beziehungen sind für die meisten Menschen ein ständiges Auf und Ab zwischen Versuch und Irrtum. Nein, Frauen und Männer kommen nicht von verschiedenen Planeten und sprechen auch nicht unterschiedliche Sprachen.
Glücklicherweise wurden über die vergangenen Jahrzehnte viele psychologische Studien durchgeführt, die herausgearbeitet haben, was für eine gesunde Beziehung wichtig ist und was oft falsch gemacht wird.

Die Beziehungs-Punktekarte
Was bedeutet das?
Eine Beziehungs-Punktekarte führt man, wenn man seinem Partner ständig Fehler vorwirft, die er in seiner Vergangenheit begangen hat.

Führen beide Partner in einer Beziehung eine solche Punktekarte, führt das zu einem Wettbewerb, wer von beiden denn den größeren Misthaufen angehäuft hat.

Der eine Partner hat sich wie ein Idiot aufgeführt, als er sich bei einem Streit einfach umdreht und den Raum verlässt. Dann darf der Partner auch nicht böse sein, wenn man im Gegenzug eine Verabredung vergisst und ihn sitzen lässt. Falsch.

Die Beziehungs-Punktekarte entwickelt sich über die Zeit zu einem Manifest der Bitterkeit und Schuld. Man beschäftigt sich nicht nur die ganze Zeit mit vergangenen Fehltritten, sondern lenkt auch von aktuellen Streitpunkten ab.

Baut sich die Punktekarte lange genug auf, haut man sich bei jedem Streit die gesamte Punktekarte um die Ohren.

Jede Kleinigkeit führt dann zu einer Eskalation. Beide Partner verbringen außerdem die ganze Zeit damit zu versuchen weniger falsch für den Partner zu sein, indem sie sich rechtfertigen, anstatt mehr Zeit darauf zu verwenden um zu zeigen, dass sie richtig für den Partner sind.

Probleme und Streitpunkte sollten für sich behandelt werden. Es bringt nichts die gesamte Vergangenheit mit in den Streit zu bringen, solange keine direkte Verbindung zum früheren Verhalten besteht. Probleme sollten in der Gegenwart und mit Blick auf die Zukunft gelöst werden.

Versteckte Andeutungen und passiv-aggressive Kommentare, anstatt offen und ehrlich über Bedürfnisse zu reden, versucht der Partner mit der schlechten Angewohnheit, den Anderen dazu zu bringen selbst darauf zu kommen.
Statt zu sagen, was einen stört, werden immer wieder kleine Spitzen losgelassen, um den Partner auf die Palme zu bringen, um ihm dann im Streit alles an den Kopf zu werfen.

Es zeigt, dass die Partner sich nicht damit wohl fühlen, offen und ehrlich miteinander zu kommunizieren. Niemand muss passiv-aggressive Kommentare und Andeutungen von sich geben, wenn er das Gefühl hat, dass sein Partner ihn für seine Meinung nicht verurteilt oder kritisiert.

Offen und ehrlich über Gefühle sprechen, auch wenn das für den männlichen Part eine Herausforderung darstellt. Die Klarstellung ist wichtig, dass der Partner nicht notwendigerweise für diese Gefühle verantwortlich ist oder zu einer Reaktion verpflichtet ist, sich aber freuen würde, wenn diese Gefühle ernst genommen werden. Wenn der Partner echte Gefühle hegt, wird er das in aller Regel tun.
Die Angewohnheit, die Beziehung in Frage zu stellen.

Dieser Punkt betrifft Partner, die bei jeder Kleinigkeit die gesamte Beziehung in Frage stellen. Anstatt also zu sagen "Ich bin enttäuscht, dass du heute keine Zeit für mich hast.", heißt es "Ich kann nicht mit jemandem zusammen sein, der nie Zeit für mich hat."

Erlaubt sich ein Partner einen Fehltritt, heißt es dann gleich man habe sich in der gesamten Beziehung getäuscht, anstatt den konkreten Streitpunkt anzusprechen.

Genau genommen handelt es sich hierbei um emotionale Erpressung, die zu einem riesigen Rattenschwanz unnötigen Dramas führt. Jeder noch so kleine Fehltritt wird zu einer beziehungsgefährdenden Krise aufgebauscht.

Es ist wichtig für eine Beziehung, dass man auch negative Gedanken und Gefühle mit seinem Partner besprechen kann, ohne dass gleich die Beziehung gefährdet ist.

Ansonsten werden solche Gefühle unterdrückt und angestaut bis sie irgendwann explodieren und der Partner sich wundert, wie man aus so einer kleinen Sache so ein Drama machen kann.

Es ist ganz normal, dass man sich mal über seinen Partner aufregt und dass sich Partner von Zeit zu Zeit, ob bewusst oder unbewusst, gegenseitig verletzen. Das ist ganz einfach menschlich.

Man muss sich im Klaren darüber sein, dass eine feste Beziehung nicht gleichzeitig bedeutet, dass man sich die ganze Zeit gern hat.

Als Bespiel dient eine Situation. Sie ist krank und hat zudem Ärger mit der Arbeit. Der Partner nimmt das zur Kenntnis, ist aber von etwas anderem abgelenkt und kümmert sich nicht so um Sie, wie sie es gerne hätte.

Am liebsten würden sie den ganzen Tag im Bett liegen und dabei den Urlaub zusammen planen. Der Partner hat aber schon was mit seinen Freunden vor.

Also ist sie nicht nur körperlich Krank sondern auch zusätzlich emotional gekränkt von Ihrem Partner wegen der unsensiblen und kaltherzigen Haltung ihres Gegenübers.

Der Tag ist noch nicht zu Ende und der Partner tut nichts dagegen. Er sollte wissen, wann die Lebensgefährtin ihn braucht.

Dem Partner die Schuld für seine eigenen Gefühle zu geben und Frust an ihm auszulassen, ist eine Form des Egoismus und ein klassisches Beispiel dafür, dass man seine persönlichen Grenzen nicht im Griff hat. Sicher ist es normal, wenn der Partner mal seine schlechte Laune an einem auslässt.

Das ist nur allzu menschlich. Wenn sich das aber dahin entwickelt, dass der Partner allzeit dafür verantwortlich ist, dass man selbst glücklich ist, wird der Partner sich irgendwann manipuliert und eingeschränkt fühlen.

Verantwortung für das eigene Leben und die eigenen Gefühle übernehmen ist hier angesagt. Es gibt einen feinen, aber gravierenden Unterschied, ob sich der Partner von sich aus um sie kümmert oder sich dazu verpflichtet fühlt.

Alle Opfer, die für eine Beziehung gebracht werden, sollten als selbstständige Entscheidung angesehen werden und nicht erwartet werden.
Liebevolle Eifersucht, eine schlechte Angewohnheit in der Beziehung.

Manche Partner werden schon wahnsinnig dadurch, wenn der andere Partner mit einer anderen Person redet, sich verabredet oder sich auch nur in der Nähe befindet. Das führt zuweilen dann dazu, dass man versucht alles zu kontrollieren und den großen Misthaufen sucht, den der Partner irgendwo versteckt haben könnte.

Bald werden dann Handys durchsucht und Nachrichten gelesen, während der Partner unter der Dusche oder bei der Arbeit ist.

Ein Zitat: „Eifersucht, ist die Leidenschaft, die mit Eifer sucht und was leiden schafft."

Stellt man solche Partner zur Rede, heißt es oft, dass das ja nur ein Zeichen dafür wäre, dass man etwas für den anderen empfindet und das doch kein Problem sei, wenn man nichts zu verbergen habe. Um es genau zu nehmen, bedeutet das aber in erster Linie, dass der Partner einem nicht vertrauen kann oder will.

Aus dem Kontext gerissene Nachrichten, die man heimlich gelesen hat, führen dann schnell dazu, dass man den Partner für einen Lügner hält, der seine Impulse nicht kontrollieren kann.

So absurd es klingt, so einfach ist es auch. Ein bisschen Eifersucht ist normal. Überzogene Eifersucht und Kontrollwahn sind aber ein Zeichen dafür, dass es einen an Selbstvertrauen mangelt. Damit muss man selbst klar kommen, anstatt das auf den eigenen Partner zu projizieren. Ansonsten treibt es den Partner nur in die Flucht.

Sich Lösungen erkaufen:

Viele Menschen haben solch ein Verhalten in der Kindheit schon einmal kennengelernt.

Ist beispielsweise der Vater für längere Zeit auf Geschäftsreise, kommt er mit einem Geschenk nach Hause, um seine Abwesenheit wieder gut zu machen. Genauso passiert es dann später in Beziehungen.

Jedes Mal, wenn ein Streit aufkommt, lenkt man davon ab, indem man etwas Schönes gemeinsam macht oder dem anderen etwas Schönes kauft.

Das eigentliche Problem wird damit nicht nur unter den Teppich gekehrt und von wo aus es garantiert wieder auftauchen wird. Es setzt auch einen ungewollten Präzedenzfall.

Hat sich der Mann beispielsweise einen Fehltritt geleistet und kauft seiner Partnerin dann beim nächsten Juwelier eine diamantbesetzte Goldkette, um das Problem "zu lösen", lernt die Partnerin unbewusst, dass sie dafür "belohnt" wird, wenn sie etwas findet, was ihr missfällt. Auf der anderen Seite lernt der Mann, dass er sich gar nicht mit dem zugrundeliegenden Problem beschäftigen muss.

Schlechte Angewohnheiten kehren immer wieder in unser Leben zurück. Ob wir das wollen oder nicht, das bedarf viel Aufmerksamkeit und Hingabe, die unerwünschten Gelüste zu untergraben.

Das Schweigen einer Frau

Diese Lektion, sollte man wirklich beherzigen. Es ist ein Phänomen das so gut wie alle Beziehungen betrifft, wenn eine Frau in einer Beziehung still wird. Es geht darum, wenn eine Frau in einer Beziehung plötzlich so wirkt, als wäre ihr alles egal.

Als Mann sollte es keine Sorgen bereiten, wenn deine Frau die Diskussion mit dir sucht. Auch wenn es hin und wieder bedeutet, dass ein Streit aus dieser Diskussion resultiert. Das macht sie doch nur um die Dinge anzusprechen die in der Beziehung schief laufen, oder es gibt etwas das sie wirklich nervt.

Was auch immer der Grund ist, es bedeutet, sie beschäftigt sich noch mit der Beziehung. Wenn sie lange Nachrichten sendet, stundenlange Gespräche sucht und Emotionen zeigt, dann kann der Mann dankbar sein. Es ist genauso anstrengend für die Frau, diese Themen zu behandeln, wie für den Mann.

Dieses Verhalten von ihr und die Diskussionen, all die Emotionen und Ausbrüche, sind ein Ausdruck unserer fraulichen Intuition für die Wichtigkeit einer sowohl harmonischen als auch glücklichen Partnerschaft. Wenn sie über Dinge spricht, die im ersten Augenblick unangenehm sind, zeigt sich in Folge des Wortwechsels doch nur, wie sehr sie die Probleme zwischen den Fronten aus der Welt schaffen will.

Sie versucht die Aufmerksamkeit zu erlangen und das alles sind Anzeichen dafür, dass die Frau Liebe verspürt und immer noch stark an die Beziehung glaubt. Es zeugt von Kühnheit weiter an einer Beziehung zu arbeiten, anstatt schweigsam den brüchigen Zusammenhalt ihren Lauf zu lassen. Es gibt keinen Grund zur Sorge über eine Frau, die immer noch das Gespräch sucht.

Die Sorgen sollten dann anfangen, wenn sie Gespräche gar nicht mehr nachgeht. Davon sind nicht nur innige, beziehungsrettende Konversationen betroffen. Es fängt schon beim Erzählen des Tagesgeschehens an. Scheint es, als wäre die Mimik eine gleichgültige Maske die sie aufsetzt, gibt es Grund zur Sorge und meist ist dann das Retten der Partnerschaft zu spät.

Positiverweise bleibt auch so jeglicher Streit außen vor, während die Beziehung in gläsernen Schuhen steckt und ein Windhauch genügt, sie nie mehr wieder zu sehen. Sie wird müde was die Beziehung anbelangt. Wenn eine Frau still wird, sollte man sich Sorgen machen.

Das Schweigen einer Frau, ist die eine Sache, die in einer Beziehung zu fürchten ist. Es ist ihr in dem Moment egal geworden, was er über sie denkt und über kurz oder lang wird ihr gleicherweise egal sein, ob sie wertgeschätzt wird oder eben nicht.

Das streckt sich nicht nur über eine Lebensgemeinschaft, es zieht sich durch jede Lebenslage eine Frau. Sie kann auch falsch gedeutet werden. Nicht immer sind uns Themen egal, nur weil wir mit einem stillen Lächeln antworten. Meistens haben wir, in nicht privaten Umfeldern, schlichtweg keine passende Antwort parat.

Ich hatte einmal eine Konversation im Büro die sich immer mehr und mehr in die private Richtung zog. Viele denken sich jetzt sicher: „Ist doch schön, wenn die Kollegen sich für das Privatleben des anderen begeistern lassen und sich daraus eine Freundschaft ergibt."

Das möchte ich bestreiten. Kollegen sind niemals Freunde. Wenn es darauf ankommt, eine Beförderung oder eine Gehaltserhöhung zu bekommen, tritt das wahre Ego zu Tage. Kämpfe werden ausgefochten und die freundschaftliche Kollegschaft wird schnell zur Feindschaft.

Gibt man etwas von sich preis, entscheidet man sich bewusst dafür, dass eine Quelle des persönlichen Ausrichtens entsteht. Ich möchte hier betonen, dass alles was die Persönlichkeit und das Privatleben angeht, sich auf das Arbeitsleben auswirken kann.

Wir wollen daraus lernen und nur unwesentliche Dinge von unserem Privatleben in das Arbeitsleben tragen. Zum Beispiel den Ablauf des gestrigen Tages oder ein geplanter Ausflug am Wochenende.

Meine erlebten Gespräche in der Arbeit wurden schon mehr und mehr zu einer Fragestunde am Vormittag. Eine kluge Frau, die ihre Werte kennt, stellt in diesem Falle eine Gegenfrage oder weicht mit geschickter Schlagfertigkeit aus. Auf Fragen wie zum Beispiel:

Wie oft putzt du dein Zuhause, kommst du auch zu mir putzen? „Ich lebe derzeit im Urwald-Mamaland. Das Putzen nimmt gerade kein Ende, tut mir leid. Aber danke für die Einladung."

Lässt dein Partner auch oft ein Taschentuch in der Hose und beim Waschen fußelt dann die ganze Wäsche? - „Nein, ich habe einen sehr reinlichen Mann. Danke."

Ist es ratsam, auf so ein Bürogespräch mit einem betretenden Schweigen zu antworten? Sicher nicht. Ich ließ mir nachsagen, dass ein Schweigen eine stumme Zusage ist.

Im Frauendenken jedoch ist das Schweigen, alles andere als eine bejaende Antwort. Wir möchten damit einfach nur eine unangenehme Situation umgehen und sicherstellen, dass wir in kein Fettnäpfchen treten oder eine Unsicherheit zu vertuschen.

Das Schweigen der Frau wird in anderen Situationen oft falsch verstanden. Ergibt sich beispielsweise eine Streitsituation, bedeutet die stumm anwesende Frau entweder einsichtig zu sein oder Sie ist an einem Punkt, an dem die Sinnhaftigkeit der Diskussion verloren ging und aufgegeben hat, mit Worten alles zu bestreiten. Männer sehen das Schweigen meist als Sturheit oder Arroganz.

Nein, oft ist es das genaue Gegenteil, die Unsicherheit. Um als Frau ernst genommen zu werden, sammeln wir zuerst Fakten und wenn uns diese ausgehen, sind wir unsicher. Bevor wir dann unsere Glaubwürdigkeit verlieren, sagen wir schlicht und ergreifend nichts und lassen uns von den Klängen der Umgebung berieseln.

Es kann aber auch positiv sein…

Einfach mal die Klappe halten - nichts ist schöner!

Ein bisschen verstehen kann man das schon. Wir müssen dann niemanden beeindrucken, unterhalten, keine Informationen weitergeben oder Entscheidungen abklären. Wir dürfen einfach nur Mensch sein. Mit einem anderen Menschen zusammen, der das auch so empfindet. Für viele Männer der absolute Idealzustand. Nichts zu besprechen, das Universum ist im perfekten Gleichgewicht.

Erst klären, was Sache ist

Vor diesem wunderbaren Gesprächs-Zen reden wir natürlich miteinander, und zwar nicht gerade wenig. Dramatische Beziehungsprobleme werden unter Männern mindestens so intensiv diskutiert wie unter Frauen. Wenn jemandem etwas Gutes passiert, ein neuer Job, neue Beziehung oder, noch besser, neue Herausforderungen, wird das selbstverständlich Endlos besprochen, weil man sich natürlich mit seinen Freunden auch freut.

Mit den allerbesten Freunden reden Männer wirklich über alles: Das Gehalt, neue Ideen, wer uns gerade tierisch auf den Keks geht, welche Musik derzeit die Stimmung hebt, denn nichts ist tabu oder zu belanglos.

Aber dann ist irgendwann der Punkt erreicht, an dem alle intuitiv wissen: Alles ist geklärt, wir sind auf dem gleichen Stand, jedes weitere Wort wäre überflüssig.

Deshalb ist auch das gefürchtete eisige Schweigen in Beziehungen oft etwas Positives. Viele Frauen fragen sich verzweifelt, mit was sie wohl den Mann neben sich so sauer gekriegt haben, dass er nicht mal mehr mit ihnen spricht.

Gleichzeitig freut sich besagter Mann, dass er in ihrer Nähe sogar ganz unverstellt Schweigen kann. Das ist einer der größten Liebesbeweise überhaupt. Ja, ich gebe zu, ein merkwürdiger Liebesbeweis, aber Männer sind halt oft so. Wenn eine Katze einem glücklich, eine zerfetzte Vogelleiche vor die Füße wirft, ist das ja auch ein Zeichen der Freundschaft, mit dem kein Mensch was anfangen kann.

Sowie das Reden und Schweigen eine einmalige Position im Miteinander einnehmen kann, ist auch Zuhören für Männer ein ausgesprochen komplexes Engagement. Wie: „Ach, das sprengt jetzt den Rahmen, dafür müsste ich wirklich weit ausholen." Schweigen wir uns doch zum Abschied einfach freundlich an. Jetzt ist doch allen klar, was dahintersteckt!

Weitere Lektionen wo man besser als Frau schweigen sollte:

- Wir schweigen wenn wir wütend sind! Zu oft sagt man Dinge, die man später bereut.
- Wir schweigen wenn die Leute unsere Worte nicht wertschätzen. Schweigen ist die Beste Antwort darauf, wenn andere den Wert in unseren Worten nicht erkennen.
- Wir schweigen wenn wir wertvolle Informationen von unserem Gegenüber erfahren wollen. So lange man selber redet, wird man nichts Neues erfahren!
- Wir schweigen, wenn wir keine Ahnung von dem Thema haben. Man muss nicht immer diejenige sein, die redet!

Wie wir Männer sehen

Frauen können Männer als schön und ästhetisch empfinden, ohne sich sexuell von ihnen angezogen zu fühlen und umgekehrt. Männer und Frauen sind sich ähnlicher, als dass sie verschieden sind.

Beim ganz überwiegenden Teil der kognitiven Leistungen und bei der allgemeinen Intelligenz, gibt es keinen Unterschied, oder nur einen so kleinen, das er praktisch überhaupt keine Bedeutung haben dürfte.

Wirklich eindeutige Differenzen im kognitiven Bereich gibt es etwa, wenn es um räumliches Vorstellungsvermögen geht.

Für Frauen sind Männer die, die technische Reparaturarbeiten und Neuheiten aus ihren maskulinen Fingern zaubern.

Für Männer benötigen wir Frauen, einfache und klar definierte Worte. Eine umschriebene Begebenheit, verwirrt das Denken in seiner Männlichkeit.

Für Männer müssen wir unsere Redegeschwindigkeit drosseln.

Einfach ausgedrückt, können wir mit Männern nicht so schnell von Thema zu Thema hüpfen, als mit der besten Freundin.

Wir behandeln viel mehr Themen in viel kürzerer Zeit und dahingehend ist der Informationsfluss dementsprechend hoch mit dem Männer einfach nicht umgehen können.

- Männer brauchen Zeit für sich.

- Männer sind nicht multitaskingfähig.

- Männer denken nur bis zur Nasenspitze. Zukunftsdenken ist hier Fehlanzeige.

- Männer sagen, das was sie denken. Nicht mehr und nicht weniger.

- Männer sind sensibler, als sie zugeben.

- Männer können uns beschützen, wenn es darauf ankommt.

- Männer haben Durchsetzungsvermögen.

- Männer brauchen Bestätigung.

- Männer drehen uns den Marmeladeglasdeckel auf, wenn wir darum bitten.

- Männer haben Sinn für Humor.

- Männer haben Bedürfnisse, die gestillt werden müssen. Andernfalls bricht der Ärger aus.

- Männer sehen Geschirr, Frauen den Abwasch.

- Männer lästern mehr als Frauen.

- Männer sind von Natur aus schön. Im Alter werden sie noch Schöner!

- Männer sind Jäger

- Männer wollen erobern

- Männer wollen Gewinner sein

- Männer fragen ungern: Männer stellen uns Frauen, gerade in der Kennenlernphase ungern Fragen. Fragen bedeuten für sie ein Zeichen der Schwäche und Unsicherheit.

- Männer sind direkt

- Männer können Sarkasmus besser anwenden.
- Männer bemühen sich um eine Frau, die sie wollen.
- Männer sind Alphatiere
- Männer benutzen gerne Ausreden
- Männer haben eine viel kürzere Aufmerksamkeitsspanne.

Und wir lieben alles an ihnen.

Wie wir glauben, dass Männer uns sehen

Männer wollen Frauen, die sich nicht verbiegen, um attraktiv und anziehend zu wirken. Frauen dürfen sich auch gerne die Hände schmutzig machen, um das starke Geschlecht zu beeindrucken. Wenn das weibliche Geschlecht allerdings zu rülpsen beginnt oder unter Blähungen leidet, verstecken sich Frauen hinter einer Ausrede.

- Frauen sind in ihren Augen geheimnisvolle Wesen, die keine schlechten Manieren kennen.

- Frauen können, in den Augen der Männer, nichts alleine.

- Frauen sind dafür wunderschön.

- Frauen überdenken jede Kleinigkeit.

- Frauen sind arrogant umso schöner sie anzuschauen sind.

- Frauen sind willensstark und geben nicht klein bei.

- Frauen flirten mit den Augen.

- Frauen können jeden um den Finger wickeln, um das zu bekommen was sie wollen.

- Frauen haben immer einen Hintergedanken.

- Frauen machen sich für die Männerwelt zurecht.

- Frauen kennen ihre Werte, brauchen trotzdem jeden Tag ein Kompliment.

- Frauen sind launisch und zickig.

- Frauen werden im Alter hässlich und faltig.

- Frauen sind kleiner und hilfloser.

- Frauen wissen alles besser.

- Frauen haben immer Recht, wenn man keinen Ärger will.

- Frauen kann man nicht verstehen

Wie wir Frauen uns selbst betrachten

Wir haben schon unsere Gewissen Eigenheiten. Es ist nicht immer leicht, sich mit der Person auseinanderzusetzten, die man eben ist. Demnach sind wir Frauen gar nicht so unterschiedlich im Hinblick auf Männer.

Wir heben uns von der Persönlichkeit ab, genau wie jeder Mensch sich vom anderen abhebt. So sehen wir uns und betrachten uns dann im Spiegel. Was ist das nur? Ein graues Haar?

Die Eitelkeit überwiegt der strahlenden Schönheit von Innen und wir rennen wieder einmal zum Friseur, um mit dem Wundermittel namens Haarfarbe unsere äußerliche Jugend weiterhin zu bewahren. Unser Außen bestimmt unser Selbstvertrauen. Wenn wir uns nicht gut fühlen, sehen wir auch nicht gut aus.

Ein Grund sind mit Sicherheit die viel gescholtenen Medien. Obwohl wir es besser wissen sollten, eifern wir den makellosen Schönheiten in den Hochglanz-Magazinen nach, an denen die Zeit und das Alter dank Bildbearbeitungsprogrammen keine Spuren hinterlassen.

Wir bewundern die berufsjugendlichen Promis in Amerika, die Size-Zero und Botox komplett verfallen sind und vergessen die Natürlichkeit, die uns Mutter Erde geschenkt hat.

Da ist es kaum erstaunlich, dass sich schon kleine Mädchen mit zehn Jahren zu dick finden und die Posen von Topmodel Kandidatinnen nachahmen. Wenn doch ihre Mütter ebenfalls ständig mit ihrem Körper hadern, wie sollen sie es da besser wissen? Gerade Jugendliche in der Pubertät sind in ihrem Selbstbild wenig gefestigt und lassen sich leicht irritieren.

Um aus dem ganzen Schlamassel herauszukommen, sollten wir der inneren Stimme, die uns schon morgens beim Blick in den Spiegel sagt, dass wir Ringe unter den Augen und einen zu dicken Po haben, aktiv den Kampf ansagen. Schluss mit der harschen Kritik, die wir uns täglich selbst auftischen. Klar, es ist bestimmt leichter gesagt als getan, aber es lässt sich daran arbeiten.

Wir sollten früher oder später damit anfangen, unsere körperlichen Unzulänglichkeiten zu akzeptieren.

So wie wir auch den kleinen Bauch oder die beginnenden Geheimratsecken unseres Liebsten niemals mit Grauen betrachten würden, so sollten wir auch mit uns selbst sorgsamer umgehen und uns nicht für unsere Fehler hassen.

Wir haben viele Vorzüge, innere und äußere und sind auch mit kleinem Bauch und anderen vermeintlichen Makeln wertvoll. Bekanntlich kommt wahre Schönheit von innen, die wir Frauen nur leider nicht im Spiegel betrachten können.

Die meisten Frauen werden mit zunehmendem Alter selbstbewusster. Sie wissen, was sie wollen, und strahlen das auch aus. Irgendwann werden wir merken, dass wir an innerer Schönheit gewinnen, auch wenn sich hier und da die ersten Fältchen einstellen.

Was erwartet die Gesellschaft von Frauen, wie wir glauben

Sie muss Top-Model mager schlank sein, aber sie muss auch Kinder wollen. Das muss sie im richtigen Moment wollen, das heißt nicht mit zwanzig, das ist zu jung, aber auch nicht mit vierzig, das ist zu spät. Sie muss genau zum richtigen Zeitpunkt, die richtige Zahl der Kinder mit dem richtigen Mann wollen. Die richtige Zahl ist nicht Eins, das ist egoistisch und auch nicht fünf, das ist asozial. Es muss irgendwo dazwischen liegen.

Wenn sie die Kinder hat, muss sie arbeiten, sie muss Karriere machen und zwar selbstbewusst, aber nicht als Emanze, aber emanzipiert muss sie sein. Selbstbewusst, emanzipiert, feministisch, organisiert und immer gut drauf, und während sie Karriere macht, muss sie gleichzeitig zuhause sein.

Sie darf keine Rabenmutter sein und während sie zuhause ist, muss sie gleichzeitig Karriere machen. Sie muss auch weiterhin Top-Model mager schlank sein.

Man darf ihr die Kinder, die sie bekommen hat, nicht ansehen. Zu Hause ist die Frau, Putzfrau, Köchin, Erzieherin, Ärztin, Liebhaberin, beste Freundin und Mutter und das am besten alles auf einmal. Und den Stress, den sie hat, darf man ihr niemals ansehen.
-Zitat - Florian Schröder

Was glauben Männer, wie wir sie sehen

Männer sollen sich hilfsbereit und aufmerksam zeigen. Nicht nur bei der Hausarbeit, sondern auch der Frau gegenüber wie zum Beispiel ihr unerwartet ein Geschenk zu machen. Männer müssen reinlich und gepflegt sein um begehrt zu werden.

Der Mann sollte so gut verdienen, dass er die Frau umsorgen kann, aber nicht zu viel, damit die Frau noch mitreden kann. Der Grundgedanke lautet: „Ist die Frau glücklich, ist dein Leben glücklich."

Heben sich beide Geschlechter voneinander ab und treten aus diesem beschrieben Erscheinungsbild, tun sich Streitthemen auf. Ein sehr großes und breitgetretenes Streitthema betrifft „nur" den Haushalt. Eine vom Mann passive Frage, wie: „Ach, das bisschen Hausarbeit. Schaffst du doch wohl alleine, oder?"

Der Haushalt einer Frau

Das Zuhause in Schuss zu halten ist nicht nur ein bisschen, sondern harte Arbeit. Liebend gerne legen wir Frauen Nachtstunden ein, nachdem die Kinder schon im Bett liegen und säubern die Küche, damit der Mann morgens seinen Kaffee im glänzenden Raum genießen kann. Ein Haushalt, wie das Wort schon sagt, ist Haushalten unter zwei oder mehreren Personen. Jeder macht etwas schmutzig oder produziert Müll, weshalb soll das nur eine Person ausbügeln?

Wieso glauben Männer, dass der Haushalt so gut wie keine Arbeit ist?
Womöglich aus dem Tunneldenken der Alltäglichkeit. Männer sehen schmutziges Geschirr, das in den Geschirrspüler kommt. Es bleibt ja nicht bei den kleinen Handgriffen des Geschirrs. Manchmal kommt es mir so vor, als wäre der Geschirrspüler ein Haustier, das auf die Essensreste wartet, als wäre es seine Nachspeise. Nur dass dieses Gerät kein süßes kleines Lebewesen ist, das man füttern muss, versteht das männliche Zieldenken in seiner Beschränktheit nicht.

Einen Geschirrspüler zu reinigen ist aufwändiger als einen Mann ins Bett zu bekommen!
Dabei bleibt es auch leider nicht. Regelmäßig muss der Kühlschrank mit seinen Fächern gereinigt werden. Der Boden wird fast täglich Staub gesaugt und gewischt.

Die Polstermöbel müssen mit einem Nasssauger gereinigt werden und die Fenster gehören regelmäßig geputzt. Jeder, der Kinder hat, kann das nachvollziehen und weiß, dass Fenster jeden Tag einem neuen Kunstwerk gleichen.

Die Toilette hat auch kein Selbstreinigungs-Programm und nach einem Bad oder Dusche versteht sich das von selbst, dass diese wieder ausgetrocknet werden muss, wenn man keinen ungebetenen Schimmel als Gast haben möchte.

Nebenbei wird noch die Wäsche sauber gehalten und ein Essensplan erstellt mit samt Einkaufsliste.
Nach dem kleinen Ausschnitt eines Zuhauses einer jeden Frau wird hoffentlich etwas deutlicher, dass wir nicht nur im Garten eine Zeitschrift lesen während die Wäsche sich allein in der Waschtrommel dreht.

Von Mädchen und Frauen wird eher erwartet, dass sie im Haushalt helfen. Schon früh lernen die Mädchen, welche Aufgaben sie zu erfüllen haben und welche nicht. Das hat einen großen Einfluss auf ihr restliches Leben.

Eine Frau würde mit größerer Wahrscheinlichkeit beim Betreten der Küche, einen Aufforderungscharakter für bestimmte häusliche Aufgaben sehen, das herumliegende Geschirr sendet die Botschaft gespült werden zu wollen, der halb leere Kühlschrank will gefüllt werden. Ein Mann sieht hingegen unter Umständen nur Geschirr in der Spüle und einen Kühlschrank, empfindet aber keinen mentalen Ruck, etwas zu tun.

Es ist eine große Schande, der liebenden Frau bei den anliegenden unbezahlten Tätigkeiten unter die Arme zu greifen.
Vor allen Dingen hat man danach keine schauernde Haushexe zuhause, sondern ein zahmes Häschen.
Gut zugegeben, es gibt einige Frauen, die gerne viele Dinge im Haushalt alleine machen, denn erst dann ist in ihrer Ansicht alles perfekt.

Wir Frauen halten alles zusammen und sorgen für ein schönes Zuhause, in das man gerne nach Hause kommt.

Der Frauenkodex

Das ist in der Frauenwelt immer Tabu:

- Der Ex
- Der Bruder der besten Freundin
- Verhältnisse im Arbeitsumfeld. Eigentlich jeden, den man ohne Ausweichmöglichkeit immer sehen muss.
- Der Chef
- Verwandtenkreis des Ex-Partners
- Lästern über die beste Freundin oder des besten Freundes
- Missachte nie die Zeichen der Begrüßung
- Falsche Hoffnungen machen
- Der Ex einer guten Freundin, gleichgültig wie gut man sich mit ihr & ihn versteht.
- Küssen beim ersten Treffen

- Sex vor dem dritten Date – hier gilt die Hinhalte -Technik, die jede Frau beherrschen muss.

- Eine Verabredung vor dem fünften Treffen zu sich nach Hause einladen

- Nach der Trennung einen Lückenfüller haben. Hier gilt die fünf monatige Warteregel einer jeden anständigen Frau. Bei einer kürzeren Beziehung, die weniger als 5 Monate dauerte, besagt die Warteregel mindestens die halbe Dauer der Beziehung ab zu warten, bevor man sich an eine neue Beziehung heran wagt.

- Anmachsprüche verwenden

- Eine Beziehung mit einem Mann aus der Kneipe, den man vorher nicht kannte

- Betrunken auf der Firmenfeier

- Die langjährige Freundin belügen

- Die langjährige Freundin hintergehen

- Geheimnisse ausplaudern

- Fremdgehen

- Die eigenen Interessen berauben lassen

- Alles auf eine Karte setzen – die Angelhaken Technik

- Frauen-Tabuthemen ansprechen

- Weinen vor jemanden den man nicht kennt

- Die Freundin für einen Mann versetzten

- Ohne Erlaubnis in die Handtasche einer anderen Frau einsehen

- Handynummer nach Mitternacht herausgeben

- Den eigenen wahren Namen einem One-Night-Stand verraten.

- Nach einem guten One-Night-Stand vor dem Kaffee nach Hause gehen.

- Ungepflegt aus dem Haus gehen

- Ein Kompliment verneinen ist immer Tabu

- Frauen-Faust-Fünf-Regel missachten

- Kontrolle über den Mann ausüben ist immer Tabu. Wir erfahren sowieso irgendwann alles, also bleib locker! Männer sind schlechte Lügner.

- Private Emotionen nach außen tragen

- In das Wort fallen, wenn jemand spricht

- Alleine nach Hause fahren.

  Ein Gentleman bringt eine Frau immer bis zu Haustüre

- Sich zuerst melden, ist immer Tabu

- Sich selbst mit Lügen aufwerten

- Die eignen Ziele verraten, es gibt immer jemanden die diese zu verhindern weiß

Frauen-Faust-Fünf-Regel

Die Regel wenden wir in so gut wie jeder Lebenslage an.
Steht die Frage im Raum, wie viele Männer wir jemals hatten - nicht mehr als Fünf! Ladys, auch wenn wir mehr hatten, es sind nicht mehr als fünf!
Lernen wir einen Mann kennen, geben wir ihm fünf Tage, sich nach dem ersten Treffen zu melden. Auch ist die Regel kompatibel mit der Warteregel von fünf Monaten, um eine neue Bekanntschaft zu machen.

Fünf Wochen sollen mindestens vergehen, um die non-verbale Kennenlernphase mit zumindest fünf Dates abzuschließen und mindestens das altbekannte Dritte-Date mit Übernachtung.

Schwer zu erraten, die Obergrenze der Männer die wir mit der Angelhaken-Technik gleichzeitig hinhalten können. Richtig, wieder fünf.

Würden sich mehr an die Frauen Regeln halten, gebe es keine schlechten Nachreden mehr. Vielleicht würde es nicht ganz aussterben, denn das Mundwerk der Frau ist groß und das der Männer noch viel größer. Es würde zumindest den Umgang erleichtern.

Die Antwort wäre einfach: Das steht im Frauenkodex!

Wird ein Mann zu Aufdringlich oder zu garstig müssen wir ihn irgendwie abwimmeln oder zappeln lassen wie einen Fisch am Haken. In die andere Richtung, wenn es sich um den Anwärter einer richtigen Beziehung handelt, sind die Frauen-Faust-Fünf-Regel und die Hinhalte-Technik eine Art Test, um die Ernsthaftigkeit und die Absichten des Mannes zu testen.

Die Hinhalte-Technik

Eine Simple Anwendung die dem Gottes Geschöpf namens Frau gegeben wurde, um Männern einen erträglichen Wink zu geben, sie kann auch ohne Unterstützung das Leben mit Bravour meistern.

„Ach, Männer sind fast wie Haustiere. Von einem Nest hüpfen sie ins Nächste, wollen kuscheln und wenn man ihnen zu spät den Futternapf füllt, sind sie sauer.“, könnte eine Unabhängige Frau wohl denken. Was wenn man das Haustier namens Mann erst kürzlich kennt? Wir halten sie hin.

Ganz einfach ist die Anleitung dafür, ohne dass sie der Mann bei der Anwendung liest. Es sei denn, er hat dieses Buch in der Hand und kennt einige Lücken über die Taten der emanzipierten Frau.

Schritt eins:
Die Frau macht sich mit Gesten und Aufmerksamkeiten interessant. Gleich ob diese von materieller Gestalt sind oder als Komplimente an die männliche Person gerichtet. Sie gibt hingebungsvoll ihre Aufmerksamkeit her, um das Interesse des Mannes zu gewinnen, das sie später nutzen kann.

Schritt zwei:
Nach dem fünften Treffen, benötigt sie mal Zeit für sich und fährt mal alleine in den dreitägigen-Urlaub, oder will sich mal wieder ein Schaumbad gönnen und verschiebt das kommende Treffen auf über eine Woche hinaus.

Schritt drei:
In dieser Zeitspanne nicht auf Nachrichten reagieren oder erst dann wenn die Verzweiflung schon fast greifbar ist.
Kurze Bemerkung am Rande:

In dieser Zeitspanne, testen Frauen einerseits:
Meldet er sich = ihm ist die Sache wichtig.

Meldet er sich unglaublich oft = er klammert und möchte zu viel, was die Frau nicht geben kann.

Meldet er sich gar nicht = möchte er ihr entweder wirklich die Zeit geben die sie braucht, oder ihm ist die Zweisamkeit völlig egal.

Mit letzteren haben Männer die Oberhand gewonnen, denn eine Frau versucht alles in Erfahrung zu bringen und die Kontrolle zu behalten. Wenn einerseits der Mann es ist, der sich ziert, möchte die Frau wissen, ob sie mit ihrer einseitigen Vermutung Recht behält.

Gibt es mehr als einen Anwärter auf einen gegenwärtigen Partner, machen wir Frauen uns die Angelhaken-Technik zu nutze.

Die Angelhaken-Technik

Mehr als fünf an einem Harken zappeln zu lassen ist ohne sich zu verraten unmöglich.

Wir nutzen die Angelhaken-Technik in Kombination mit der Hinhalte-Technik, allerdings gibt es da kleine Hürden.

Eines davon ist das Gedächtnis der Namen und Interessen jedes Einzelnen. Schwierig das auseinander zu halten, mit wem man was unternommen hat, welche Familienmitglieder wer hat und welche Interessen man mit wem teilt.

Wichtig ist, wenn man die Angelhaken-Technik souverän abschließen möchte, schreiben wir Frauen uns alles in einem Block zusammen um die Unterschiede nicht durcheinander zu bringen.

Hat das die Frau im Griff, kann sie den Mann auf sich abgestimmt, testen, und die beste Version für sich ausfindig machen.

Allerdings ist das nicht die schwierigste Aufgabe die sich einer Frau in den Weg stellt.

Ein Kind

Es ist einfach eine total verkackte Situation, ein Kind zu haben. Man darf nicht nur Gesetze und Regeln aufstellen, sondern sollte dem Kind helfen, sich zu entwickeln, seine Emotionen zu leben und zu lernen.

Bei der Erziehung geht es um die Balance von Beschützen, Respektieren und Fördern, von Nähe und Abgrenzung. Um das umzusetzen, müsste man als Vater ein Ausmaß an Souveränität haben, das niemand besitzt.

Im Laufe der Zeit, schleicht sich eine gewisse Fremdheit in eine Beziehung ein.
Gerade die Nähe kann beengend sein, weil sie ja immer auch Verbote enthält.
Die Familienidentität beruht auch auf Ausschluss, ist auch Tyrannei. Intimität wird diktiert, da muss man sich nichts vormachen und wenn einer aus der Nähe ausbricht, wird das herb sanktioniert.

Man kann an dieser Stelle natürlich fragen, wo würde das denn hinführen? Jedoch frage nicht, mit welcher Konsequenz die Entstehung geschürt ist.

Ich stelle nur fest, wenn ich mich umsehe, ich mehr Mütter und Väter sehe, die diese Souveränität nicht haben als solche, die sie haben.

Es geht um Wahrhaftigkeit, es geht darum, diese Sache zu Ende zu denken, ganz egal, was daraus folgen mag. Mit dieser Konsequenz ist eine Familiengeschichte geschrieben.

Kinder brauchen Liebe. So trivial, so abgedroschen ist der Satz, dass man sich fast geniert, ihn niederzuschreiben.
Nur, dass er zutrifft. Kinder brauchen Liebe, nicht Geld.
Sie brauchen Nahrung, sie brauchen Schlaf, sie brauchen liebende Arme, die sie umschließen, wenn sie hingefallen sind.

Was aber, wenn Mutter und Vater nicht da sind, nicht weil ihnen tragischer Weise etwas zugestoßen ist, sondern weil sie damit beschäftigt sind, Geld zu verdienen und es auszugeben. Was wenn anstelle der tröstenden Arme, Paläste da sind, Luxusautos, riesige Spielsäle.
Liebe sieht anders aus.

Vielleicht umgeht man das animalische Fremdwerden, wenn man das physisch schon ist und nur materielle Dinge am Ort lässt. Dinge die weggeworfen werden, wenn man ganz nach dem Sprichwort, aus dem Schuh draußen ist.

Was hat man dann von der Kindheit? Ein immer leerer werdendes Kinderzimmer, von bedeutungslosen Sachen, aber kein Fotoalbum mit dem eigenen Vater der einen auf Händen trägt.

In diesem abdriftenden Thema ist es schier unmöglich, Anwesenheit und reich an Möglichkeiten im Verhältnis einer Beziehung mit Kindern zu vereinbaren. Wenn man in die Ferne blickt, sieht man wenige Familien, die alles harmonisch unter einen Hut bringen. Frauen identifizieren sich mit dem Aussehen und dem perfekten Leben nach außen, was auf der Schulter des Mannes obliegt.

Nach dem Wissen, können doch die Väter nichts für ihre Abwesenheit und der Nachrede eines Rabenvaters. Sie wollen schlicht und ergreifend, die Familie ernähren und sowohl der Frau als auch dem Nachwuchs alles ermöglichen auch wenn es von materieller Natur ist.

Frauen können die gegenwärtigen Probleme vertuschen um das Bild der perfekten Familie zu wahren. Kinder sind da anders gestrickt. Sie brauchen Liebe von beiden Seiten.

Um das Fremdwerden zu vertuschen, werden Frauen zu egoistischen Monstern, die mit ihrem gepflegten Hautbild, ihre Kinder in den Schatten stellen und ihrem Lebenserhalter zu gefallen.

Traurig aber wahr. Der Materialismus in der heutigen Zeit, übertrifft die Liebe der Eltern der 90iger Jahre die mühselig erarbeitet wurde.

Die Pflegeregel einer Frau, was kostet das

Das ist eine Moral, die eine Frau sich selbst auf bürgt, um dem Mann und sich selbst zu gefallen. Wie wir Frauen uns selbst sehen und wie wir glauben, wie Männer uns sehen, drängt uns schon fast dazu, keine Kosten zu scheuen.

Angefangen mit den Haaren. Die natürliche Schönheit identifizieren viele mit ihren Haaren. Ob gefärbt oder mit einer Verlängerung oder mit Extensions verdichtet, die Echtheit der Haare verraten Frauen nur selten jemanden. Das Kostet je nach Friseurbesuch zwischen 50-500€. Haarverlängerungen sind je nach Länge und Dichte furchtbar teuer.
Sie schminkt ihr Gesicht jeden Tag, was einen Make-up Verbrauch von ca. 50€ im Monat ausmacht. Dazu kommt noch das routinierte Abschminken, Gesichtspeeling und die Körperpflege. Eine sehr eitle Frau, lässt sich auch gerne die Nägel und Wimpern aufkleben.

Diese Art von Schönheit geht auch schon richtig ins Geld, denn das bleibt nicht bei einem mal. Eine Standard Maniküre und Pediküre kostet zwischen 20-40 €, dann kleben wir nicht nur Haare dran, wir entfernen auch welche.

Das Waxing muss auch in einem Routineverlauf gemacht werden. Dazu kommt noch Sport zwei bis drei Mal die Woche, Pilates oder Yoga, je nach Ausdauer, zwei Mal die Woche laufen oder Krafttraining und wenn jemand fragt:
Täglich 3 Liter Wasser, damit die Haut jung und frisch bleibt.

Die Pflege der Frau hört nicht bei der Körperpflege auf, sie fängt beim Shopping an. Das ist unsere Pflege für die Seele. Nach ein paar hübschen Schuhen und einem Schnäppchen Kleid, fühlt sich alles gleich viel schöner an.

Eine Frau ist wirklich teuer und wenn sie es sich selbst nicht leisten kann, hat ein Mann gute Chancen bei ihr, sie damit zu finanzieren und eine auf Gebrauchsgüter aufgebaute Beziehung zu halten.

Die Abwesenheit, die einen zum Erfolg bringt, hat seine Tücken. Es schleichen sich Gedanken und Situationen ein, die über kurz oder lang, zu einer Trennung führen werden.

Trennung

Die Trennungsphase

„Man sieht sich immer Zwei Mal" - Die verborgene Bedeutung einer Verabschiedung

Es war ein sonniger Nachmittag, als Laura sich von ihrem langjährigen Freund Max verabschiedete. Sie hatten sich entschieden, getrennte Wege zu gehen und ihre Beziehung zu beenden. Als Max Laura zum Abschied in die Arme schloss, flüsterte er ihr leise ins Ohr: "Man sieht sich immer zwei Mal."

Laura war verwirrt. Was sollte das bedeuten? War es nur eine Floskel, die er benutzte, um den Abschied zu erleichtern? Oder steckte mehr dahinter? Sie konnte nicht anders, als über diese Worte nachzudenken und versuchte, die verborgene Bedeutung zu entschlüsseln.
Der Satz "Man sieht sich immer zwei Mal" hatte für Laura eine tiefere Bedeutung.

Es war nicht nur eine einfache Verabschiedungsfloskel, sondern ein Ausdruck von Hoffnung und Wunsch nach einer zweiten Chance. Es war ein Versprechen, dass ihre Wege sich in der Zukunft wieder kreuzen würden.

Laura fragte sich, ob diese Floskel nur von Männern verwendet wurde oder ob auch Frauen sie aussprachen. Sie kam zu dem Schluss, dass es keine geschlechterspezifische Angelegenheit war. Es war vielmehr eine menschliche Sehnsucht nach Wiedersehen und Versöhnung.

In den folgenden Wochen herrschte zwischen Laura und Max eine Funkstille. Sie hatten sich aus den Augen verloren und jeder ging seinen eigenen Weg. Doch Laura konnte den Satz "Man sieht sich immer zwei Mal" nicht vergessen. Sie fragte sich, ob es wirklich nur ein Zufall war oder ob das Schicksal ihre Wege erneut zusammenführen würde.

Eines Tages, als Laura durch die belebten Straßen der Stadt ging, stieß sie plötzlich auf Max. Die Überraschung war groß, doch sie erinnerte sich an seine Worte und spürte eine gewisse Aufregung in sich aufsteigen.
War dies das zweite Mal, von dem er gesprochen hatte?
Max lächelte Laura an und sagte: "Ich habe dich vermisst. Ich habe viel über unsere Beziehung nachgedacht und ich möchte eine zweite Chance. Ich glaube daran, dass wir füreinander bestimmt sind."

Laura war überwältigt von seinen Worten. Sie erkannte, dass Max' Satz "Man sieht sich immer zwei Mal" nicht nur eine leere Floskel war, sondern ein Ausdruck seiner tiefen Gefühle und des Wunsches nach einer gemeinsamen Zukunft.

So beschlossen Laura und Max, ihre Vergangenheit hinter sich zu lassen und einen neuen Anfang zu wagen. Sie hatten gelernt, dass manchmal ein Abschied nicht das Ende bedeutet, sondern der Beginn einer neuen Chance sein kann.

In diesem Moment wurde Laura klar, dass der Satz "Man sieht sich immer zwei Mal" nicht nur eine hoffnungsvolle Floskel war, sondern eine Erinnerung daran, dass das Leben voller Überraschungen und unerwarteter Begegnungen ist. Manchmal braucht es nur Zeit und den Glauben daran, dass sich die Wege zweier Menschen erneut kreuzen werden.

Eines Tages gingen Laura und Max Hand in Hand in eine Zukunft, die von Liebe, Vertrauen und der Gewissheit geprägt war, dass man sich immer zwei Mal sieht.

Kann man mehr als nur einen Menschen lieben

Jeder Mensch liebt mehre Personen gleichzeitig. Denn Liebe ist keine Einheit oder Maßgebend. Liebe ist nicht immer gleich. Liebe ist unterschiedlicher als jede Handtasche im auserwählten Geschäft.

Wir lieben unsere Mutter anders als unseren Vater. Wir Empfinden anders für unseren Partner und dennoch haben wir unsere beste Freundin lieb. Ja die Liebe unterscheidet sich in vielen Facetten.

Johnny Depp hat einmal gesagt: „Wenn du zwei Menschen gleicherweise liebst, dann wähle den Zweiten. Denn wenn du den Ersten richtig lieben würdest, dann gäbe es keinen Zweiten."
Verurteile dich nicht für die Gefühle, denn das Herz macht was es will.

Die gegenteilige Form von Monogamie ist Polyamorie. Eine Beziehung zu zwei oder mehr Menschen gleichzeitig.

In unserer Gesellschaft ist diese Form wenig bekannt und viele verheimlichen die Art von Lebensstil, sind aber dennoch vertreten in unserer Welt. Wenn das für jemanden funktioniert, ist das auch gut. Meiner Meinung nach, ist das zum Scheitern verurteilt.

Denn das Grundbedürfnis als Mensch, insbesondere einer Frau, sich als eine Familie zu betrachten und sich ein Nest zu bauen, wird früher oder später das Ende für eine Polyamorie bedeuten.

Diese offene Beziehungsform kann man in den einzelnen Strukturen zerlegen, es bleibt jedoch immer ein Gefühl daran kleben und das ist Eifersucht.

Ich möchte nicht behaupten, dass Monogamie die einzige Weise sein soll, nach der wir leben, aber objektiv betrachtet gibt es in der gegenteiligen Form immer jemanden der zurückstecken muss, was auf Dauer kein glückliches Leben bereitet.

Monogamie

Ist der Mensch für Monogamie geschaffen? Die Triebe der Menschen sind alle gleich. Je älter man wird, umso stärker werden sie. Vermutlich aus dem Grundbedürfnis heraus, nichts in seinem Leben zu verpassen.
Das Paradebeispiel einer Monogamie sind Pinguine. Sie suchen sich einen Partner fürs ganze Leben. Ein wahrer Liebestraum! Können wir Menschen das auch?

Eine Studie befragter Frauen zeigt, dass mehr als die Hälfte aller Frauen in Beziehungen fremdgehen. Genauer gesagt: 54%! Ladys, jetzt können wir nicht mehr sagen: „Die bösen Männer".

Die drei häufig genannten Gründe dafür sind:

Erstens: Fehlende Aufmerksamkeit vom Partner
Zweitens: Keine oder fehlende Kommunikation
Drittens: Das ungepflegte Äußere.

In Vergleich zur offenen Beziehung ist die Monogamie immer noch die meistgenutzte Form. Wenn man mich fragt, sind alle anderen Arten: Polyamorie, offene Beziehung, Swinger Paare und Weitere, nur Ausreden dafür, sich nicht tiefer in eine richtige Beziehung einzulassen.

Sicher gibt es verschiedene Ansichten das Leben zu gestalten und sich wohlzufühlen. Für Frauen ist es meiner Ansicht nach, zum Schluss immer am wichtigsten, die Einzige zu sein und die Anerkennung zu erhalten, die sie verdient.

Denn die 54% jener die fremdgehen, machen dies nicht, weil der Partner drei Jahre nicht trainiert hat, sondern weil sie das Gefühl haben, nicht die Einzige zu sein.

Ergo, die Monogamie ist kein Auslaufmodell. Nach wie vor ist sie die Maßeinheit einer jeden Partnerschaft und wird heiß thematisiert. Bei Frauen unter sich, ist die Monogamie das Tratsch und Klatsch Thema Nummer eins. Weichen andere davon nur ein wenig ab, haben wir Frauen das nächste Fresschen gefunden, was wir mit unseren Freundinnen diskutieren können.

Monogamie ist für viele nicht leicht, denn sie lenkt nur in eine Richtung. Leben soll Spaß machen und die Freiheit streckt sich in viele Richtungen.

Frei zu sein, kann aber viel mehr Bedeuten, als sich in eine monogame Zwangsjacke stecken zu lassen. Freiheit ist auch miteinander möglich und macht doppelt so viel Spaß zu zweit.

Die Träume gemeinsam zu verwirklichen, gemeinsam auf Reisen zu gehen und gemeinsam dieselben Interessen zu teilen, sind alles Teile einer freien und monogamen Beziehung.

Das ist das Ziel einer Frau, den Mann zu finden, der mit Freude durchs verrückte Leben geht und ihr immer wieder zeigt, dass sie die Einzige ist mit der er sein Leben verbringen möchte.

Geschlechterkämpfe

Frauen gegen Männer. Wer ist stärker, wer ist klüger und welches Geschlecht hat die bessere Ausdauer und ist schneller. Die Kämpfe werden schon Jahrzehntelang ausgefochten um endlich ein Resultat zu erzielen. Klar sagen wir Frauen, dass wir den Männern überlegen sind und Männer sagen das ebenso von sich.

Brüste und Emanzipation verschaffen der Frau heutzutage permanent einen Vorteil. Der Mann dagegen fühlt sich zurückgesetzt und benachteiligt? Doch in der stupiden Debatte über die Gleichheit der Geschlechter kann es keine Gewinner geben.

Die Gleichstellung der Geschlechter ist eine Utopie und zwar keine sehr schöne. Denn in der ermüdenden Debatte darüber, wer im gesamtgesellschaftlichen Miteinander welche Privilegien genießt und wie viele und warum nicht, beginnen Männer und Frauen immer wieder gerne denselben Streit.

Es geht darum, wer es im Leben leichter hat, wem die besseren Aufstiegschancen entgegen winken. Es geht um Aufmerksamkeit.

Blicken wir auf die Argumente.

Es stimmt: Trägt eine Frau das richtige Dirndl, die Brust ansehnlich nach oben geschnürt, die Schleife der Schürze auf der richtigen Seite gebunden, könnte sie jedes Bierzelt dieser Welt betreten - ihr Portemonnaie bliebe unberührt.

Tatsächlich wird das weibliche Auftreten mit gewollter oder ungewollter Aufmerksamkeit belohnt.

Männliches jedoch auch. Sexismus ist nicht geschlechtsspezifisch. Es macht keinen großen Unterschied, ob eine schöne Frau oder ein attraktiver Mann den Raum betreten - beide müssen damit rechnen, dass sie vor dem geistigen Auge ihres Gegenübers keine Kleidung mehr tragen.

Der menschliche Körper war in der Geschlechterdebatte schon seit jeher der Ort, an dem die Schlacht um Repression und Freiheit geschlagen wurde. Doch tatsächlich ist es die weibliche Physis, die mehr noch als die männliche, sozialisierten Kontrollmechanismen unterliegt.

Frauen disziplinieren sich und ihren Körper ununterbrochen, sie hungern, tragen unbequeme Kleidung und Schuhe, nur um das männliche Begehren zu gefallen. Und diese Drohung, die wie ein Damokles-Schwert über den Köpfen der

Damenwelt schwingt, sichert die Freiwilligkeit und den Stolz, mit dem sie es tun.

Die britische Bloggerin und Aktivistin Laurie Penny beschreibt den weiblichen Körper in ihrem Manifest „Fleischmarkt“ deshalb zu Recht als ausgebeutete Ressource.

Von der Pornographie bis zum Schlankheitswahn bestehe unser spätkapitalistisches System nur noch deshalb, weil die daraus resultierende latente Macht der Frauen gezähmt ist. Würden sie sich dieser bewusst, die Weltwirtschaft bräche von heute auf morgen zusammen.

Die Leistungsstandards und die suggestiven Forderungen der Kulturindustrie, die uns die schöne neue Medienwelt vorlebt, lähmen uns. Und zwar solange noch, wie sich wir Frauen auf übergroßen Reklametafeln lüstern in Spitzenunterwäsche räkeln und uns gleichzeitig an das Diktat des Körpers erinnern, das einem Spießrutenlauf aus Diäten, Pilateskursen und Terminen zum Ganzkörper-Waxing folgt.

Solange noch, wie es Frauenparkplätze gibt und das

schöne Geschlecht im Fernsehen Waschmittel und Antifaltencremes bewirbt.

Wie definiert sich erfolgreiche Weiblichkeit?

Darüber, dass die Frau das Zanderfilet im Restaurant selbst bezahlen kann, oder darüber, dass der Östrogenhaushalt nicht aus dem Gleichgewicht kommt, würde die Rechnung der Mann begleichen.

Auf dem liberalen Markt glaubt man, Freiheit und Emanzipation der Frau seien längst verwirklicht. Die Frau ist eingeladen zu Arbeit und Konsum, jedoch bemisst und verhandelt sie dabei ihren eigenen Wert permanent.

Widersprüchlichkeiten in der gesellschaftlichen Konstitution (Vollblutweib vs. treusorgende Mutter) werden sie mit ihren eigenen Verantwortungen dem Leben überlassen und schüren Selbstzweifel, mit denen sie dann alleine gelassen werden.

Denn kommt ihr nicht das versprochene Quäntchen Aufmerksamkeit zu, unterliegt sie der anerzogenen Gewohnheit, die vermeintliche Schuld dafür bei sich zu suchen. Geschürt wird diese durch Thesen wie die folgende, die so und nicht anders in einer Herrenrunde geäußert wurden:

Sex mit einer Frau, die ein paar Kilo zu viel auf den Rippen hat, sei grundsätzlich besser, als der mit einer „Size Zero“. Denn: Eine pummelige Frau sei „dankbarer“ beim Beischlaf als eine schlanke. Während Frauen mit Idealmaßen immer, überall und sowieso mit jedem Sex haben könnten, würden sich Frauen mit kleinen Fettpölsterchen in der Hüftgegend für ihren Liebhaber mehr ins Zeug legen.

Da soll es verwundern, dass der Feminismus vor vierzig Jahren die mit behaarten Beinen und Achselhöhlen Büstenhalter verbannt hat?

Keine Frage, man wollte diesem chauvinistischen Gehabe an den Kragen gehen. Doch mutet der Siegeszug bisher eher seltsam an. Die Emanzipationsbewegung färbte den Zeitgeist der westlichen Welt Pastell rosa und impfte ihm eine neue Weiblichkeit ein.

Dabei verbreitete sich die weitläufige Meinung, dass der Mann aus evolutionsbiologischer Sicht einen endgültigen Entwicklungsstopp verbuche und machte damit seine universale Gruppe salonfähig.

Denn ganz gleich, was verkehrt läuft auf dieser Welt, seien es die Kriege im Nahen Osten, der Bankenkollaps oder eine von vielen Ehekrisen - einer wird es am Schluss gewesen sein müssen.

Einer trägt die Schuld, und im Zweifelsfall tut das seit jeher: **der Mann.**

Alte Zeit

Was waren das noch für Zeiten, als Männer Mammuts jagten und ihre Frauen an den Haaren in oder aus ihrer Höhle zogen, sehr wahrscheinlich mit einer ungeheuer mächtigen Fred-Feuerstein-Keule im Gepäck.

Der Mann erbaute die Pyramiden mit bloßen Händen, erschloss die Weltmeere nur mit einer winzigen Kompassnadel, urbanisierte ganze Kontinente und sorgte im Wilden Westen für Recht und Ordnung. Heilte er die Grippe und den Penisneid, flog zum Mond und sprang mit dem Fallschirm wieder zurück auf die Erde. Und warum das alles? Weil er es kann!

Und natürlich um sich zu profilieren und um anschließend im Schoß der Frau nach Anerkennung zu suchen.

Und nun, dem Feminismus sei Dank, werden all diese Heldentaten nur noch mit einem müden Lächeln quittiert, weil die Frauen das Zepter in ihren eigenen manikürten Hände genommen haben? Das ist natürlich schon ein wenig deprimierend, oder Männer?

Man sollte annehmen, nach einer gelungenen Emanzipation hätten sich beide Geschlechter endlich versöhnt.

Doch weit gefehlt: Nach jahrelanger Verunsicherung durch die erarbeitete macht der Frauen, hat sich die Herrenwelt wahrscheinlich in einer entsprechenden Selbsthilfegruppe etwas Mut an therapiert und wehrt sich gegen die männerfeindlichen Auswüchse der drohenden Mutterherrschaft.

Sie kämpfen gegen die scheinbare Bevorzugung von Frauen im pädagogischen Bereich, in der Bildungspolitik und im Sorgerecht.

Jedoch weniger mit konstruktiven Argumenten oder meinetwegen, indem sie mit der Faust auf den Tisch oder gegen ihre mittlerweile ebenfalls enthaarte Brust hämmern, um uns daran zu erinnern, dass sie das Feuer, das Rad und den Humanismus erfunden haben. Nein, sie tun das, was sie am besten können: Sie jammern.

Lange galt nämlich hierzulande ein ungeschriebenes Gesetz, um das gesellschaftliche Zusammenleben von Männer und Frauen zu sichern. Demnach sollten Frauen für alle Privilegien, die ihnen von Natur aus zukommen, wie zum Beispiel der Brüste Bonus bei Männern, Nachteile auf der anderen Seite in Kauf nehmen wie Beispielsweise die Reduktion auf den Körper der Frau.

Seit glühende Feministinnen nun jedoch für ihre Rechte eintreten, beispielsweise indem sie ihren männlichen Vorgesetzten der sexuellen Belästigung am Arbeitsplatz bezichtigen, beurteilen sich die Männer als zurückgestellt. Sie empfinden das vermeintlich ausgewogene Verhältnis zwischen Mann und Frau durch die Emanzipation von einer Seite aufgekündigt.

Verständlicherweise fordert die Männerrechtsbewegung nun ihrerseits die Gleichstellung der Frau in allem, was ihr sonst noch Nachteile bringt. Auch wenn der Wehrdienst von beiden Geschlechtern nur noch freiwillig angetreten werden kann, so bliebe doch immerhin noch die Arbeit auf dem Bau, unter Tage oder bei der Stadtreinigung.

Und selbstverständlich müssten sich starke und schöne Geschlechter beim nächsten Untergang der Titanic die bitter umkämpften Plätze im Rettungsboot gerecht untereinander aufteilen oder zumindest darum knobeln.

In dieser mehr als stupiden Geschlechtsangleichungsdebatte kann es keine Gewinner geben, aus dem schlichten Grund: Männer und Frauen sind nun einmal nicht gleich. Und es ist der Grundfehler dieser Diskussion, aus Äpfeln Birnen machen zu wollen - oder andersherum.

So werden sich Männer und Frauen weiterhin sich selbst aufreiben, weil sie viel zu sehr damit beschäftigt sind, sich gegenseitig ihre vermeintlichen „Privilegien“ zu neiden und Missgunst zu streuen. Anstatt das Beste aus der Zweisamkeit zu machen, gemeinsam aufwachen beispielsweise, Kinder zeugen und deren achtstimmigen Beziehungen zu lauschen.

Trennungsgründe - die eigentlich keine sind

Gewalt, Untreue, keine Liebe. Das sind alles echte Gründe die Beziehung zu beenden. Manche Trennungsgründe überzeugen hingegen nicht und werden dennoch für die Beendigung hergenommen.

Keine Frage: Ist die Partnerschaft am Ende, sollten wir unsere Sachen packen und das Weite suchen. Andernfalls kostet das beiden Beteiligten nur unnötig viel Zeit, Nerven und Kraft. Tappen wir allerding in die Falle und trennen uns aus den falschen Gründen, werden wir unglücklicher als vorher.

…Er macht mich nicht glücklich…
Viele Frauen denken, der Mann müsse sie glücklich machen. Ganz nach dem Spruch: „Ist er der Richtige, macht er mich glücklich und macht er mich nicht glücklich, dann ist er nicht der Richtige."

Ja, das ist ein unreifes denken einer emotional kleinen Frau, die ihre Gefühle auf andere abwälzen möchte, um niemals an ihrer Emotion schuld zu sein.

Es ist überhaupt nicht die Aufgabe unseres Partners, uns glücklich zu machen. Das ist ganz allein unsere Aufgabe. Wir kennen uns selbst am besten. Was wir von dem Menschen an unserer Seite erwarten können, ist lediglich, dass er uns dabei nicht im Weg steht und uns im besten Fall unterstützt.

…es kribbelt nicht mehr im Bauch, wenn ich an ihn denke…
Das ist normal. Oft werden die Beziehungen von der Frau beendet, nur weil das erste verliebt sein verflogen ist. Das ist eigentlich sehr Schade, denn daraus kann sich eine wunderschöne Liebe entwickeln.

…wir streiten zu oft…
Alle Beziehungsformen streiten sich bevor ein harmonisches Zusammenleben entsteht. Oder gibt es jemanden der noch nie mit seiner Mutter gestritten hat, oder mit seinen Geschwistern oder mit seiner besten Freundin?

Genau das ist in gleicherweise Beziehungsformen ebenso wie eine liebevolle Partnerschaft.
Aus der Vor-Generation sagt man auch: Man muss sich zusammen raufen.

Wie trennen sich Frauen

Frauen trennen sich Emotional schon während der Beziehung. Der Mann ist oft sehr überrascht, wenn die Frau dann plötzlich in der Türschwelle steht, nur daran ist er meistens auch selber schuld.

Fühlt sich die Frau nicht wertgeschätzt und sicher, wie in dem Kapitel davor schon erwähnt, wird sie sich zuerst distanzieren, um zu testen, ob es ihm auffällt, und stört unnahbarer zu sein.

Sie will damit eine neue Chance generieren, die eine Eroberung oder eine Überraschung für sie möglich macht.
Geht er dieser Chance nicht nach und verharrt weiterhin im Trotz des Selbstmitleides und Egoismus, versucht die Frau entweder ihn zu überraschen, beziehungsweise eine Freude zu bereiten oder sie zieht sich noch mehr zurück.

In Ihrem Rückzug versucht sie die Art des Partners zu verschmerzen und sie selbst zu fokussieren. Sie wird mehr und mehr mit ihren Freundinnen unternehmen, Ihren alleinigen Interessen nachgehen und in Gesprächen weniger darauf achten, was er zu sagen hat.

Denn Sie erhält auch nicht die gewünschte Aufmerksamkeit, die sie verdient.

Wir Frauen wollen hier nicht egoistisch klingen. Wenn man als Frau, dem Mann den Rücken frei hält, sich um die Kinder kümmert, ein aufwändiges Essen auf den Tisch zaubert und immer noch mit einem Lächeln im Gesicht die Küche säubert, während der Partner zum wiederholten Mal die Problematiken des Tages präsentiert, als wären es die Schlagzeilen der Tageszeitung, dann gehört uns ein gebürtiger Applaus.

Die Frau zieht ihre Aufmerksamkeit nicht ohne Grund zurück. Denn wenn jemand das Kinderlied eine ganze Woche hört und mitsingt, wird das in der zweiten Woche langweilig.
Eine Zweisamkeit ist keine Einbahnstraße.

Unter Wertschätzung fallen nicht nur das Zuhören, sondern auch der Frau Entscheidungen zu überlassen. Ihr die Freiheit zu geben, beruflich und alle Interessen auszuprobieren, das was ihr Freude bereitet.

„Was du nicht willst, das man dir tut, das füge keinen anderen zu!"

Die Phase einer Trennung kann sich drei Jahre hinziehen, weil die Frau sich immer wieder einredet, dass er sich ändert. Kommt dann aber noch der Tropfen hinzu, der das Fass zum Überlaufen bringt, wundern sich alle, warum die Frau so plötzlich das Handtuch wirft.

Nein, das ist keines Wegs plötzlich, mein Lieber.

Trennungsgrund Nr. 1

Um gleich zum Resultat zu schreiten, der häufigste Trennungsgrund sind die lieben Kinder, auch wenn es niemand gerne zugibt. Der Eine möchte Kinder, die Andere kann aus biologischen Hintergründen keine bekommen und selbst wenn das Zeugen nicht die Schwierigkeit erfordert, ist das Erziehen oder das Halten der Familie umso schwieriger.

Nach der Schwangerschaft bürgt sich die erste Schwierigkeit auf, die Frau überhaupt zu verstehen. Es nennt sich die Wochenbett-Depression. Ein Mann der das nicht nachvollziehen kann, ist entweder ein Egoist wie er im Buche steht oder war noch nie Vater.

Frauen in dieser Situation zu verstehen ist grundsätzlich unmöglich und zwar aus ganz einfachen Grund: Wir Frauen verstehen uns in dieser Zeit selber nicht! Das Beste was der frisch gebackene Vater tun kann, ist ihr die Hand zu reichen und ihr alles von den Lippen abzulesen, was sie gerade braucht.

Es ist eine Zeit des selbst Hasses und Zweifel jemals gut genug zu sein. Nicht unbedenklich sich in dieser Phase zu trennen. Um gar nicht weiter um den heißen Brei zu reden, die Wochenbett-Depression hat nicht ohne Grund den Namen, weil sie nach Wochen erst auftauchen kann und genauso wie sie gekommen ist, wieder verschwindet.

Was danach jedoch nicht verschwindet, ist die Tatsache eines regelrecht zerstörten Körpers der einem Schlachtfeld gleicht und sich in Selbstmitleid weiter fortsetzt und die fehlende Kinderlose Zeit an sich selbst zu arbeiten.

Ausgehend von der Angst nie wieder einem Mann oder dem eigenen Mann bei diesem Anblick eine Erregung aus der Hose zu zaubern. Geplagt von schlaflosen Nächten mit dem die Frau in den meisten Fällen alleingelassen ist, weil der im Tiefschlaf gefallene Mann der Meinung ist, es ist nicht seine Aufgabe.

Das Argument mit dem Alleinverdiener müsste fast strafbar sein. Denn die Frau ist auch nicht nur Mutter. In Hinblick dieses Argumentes, macht die obsiegte Arbeit vor Ruhepausen keinen Halt. Sie ertrug Schmerzen die für einen Mann nicht nachvollziehbar sind. Gefolgt von einer Depression strotzend vor Selbstzweifel und einem Körper der nach Heilung schreit. Dennoch empfinden Männer es immer noch als richtig gedacht, dass die Baby-Auszeit gleich Mama-Urlaub bedeutet?

Falsch. Diese Zeit wurde den Frauen gegeben, um die Wunden zu heilen, die sie erlitten haben. Würden wir Frauen dieses Verhalten von der anderen Seite betrachten, könnte man meinen, ein schwerer Motorrad Unfall ist das Geschenk und eine Jahreskarte im Krankenhaus inklusive Therapie.

Der einzige Unterschied? Wir Frauen wissen im Vorhinein was uns zustößt. Und das allerschlimmste an der Sache, die Frau fühlt sich so alleine gelassen und dennoch weiß sie, sie wird niemals wieder allein sein. Kein Wunder, dass sich frischgebackene Frauen von ihren

Männern in der Midlife-Crisis trennen, wenn sich die Männer wichtiger nehmen, als die Frau mit Kind.

Welch eine Ironie.
„Vater werden, ist nicht schwer. Vater sein, jedoch viel mehr."

Schaffen Paare es aus dieser Zeit erhobenen Hauptes gemeinsam die Hürde zu meistern, stellt sich die nächste Barriere in den Weg. Der Vater will ein Geschwister Kind, um den Alleingang seines Nachkömmlings zu vermeiden.

Klar gegenteilig zum Egoisten-Schwein, denkt er zur Abwechslung nicht an sich, sondern an das kleine Unschulds-Lamm. Aber was wenn die Frau keines mehr zur Welt bringen möchte? Müssen wir Kompromisse eingehen oder können wir in Gedanken zu unserem einzigen Kind egoistisch bleiben ohne die Beziehung auf eine Karte zu setzten?

Die Schwere was auf den Schultern der Frau lastet darf gesehen werden. Wir sind keine Brotbackmaschine die alle neun Monate eine neue Backmischung ausbrühtet. Da hilft auch kein Kompromiss.

Die Jahre ohne Zeit für sich selbst, machen sich bei einer Frau bemerkbar.
Lässt sich der Mann nicht wegen eines fehlenden Kinderwunsches scheiden, dann ist es wegen fehlender Attraktivität der Frau. Und wenn er sich nicht wegen dieser Faktoren trennt, dann geht er fremd.

Ja es ist ein Teufelskreis und die Frau trägt weiterhin die Verantwortung. Nicht nur in Hinblick des Kindes, nein, auch in Hinblick der Vorwürfe des Mannes und die Trennung war dann auch die Schuld der Frau. Der Frau, die einfach nur müde ist.

Müde von Streitigkeiten, die keine Kompromisse finden. Müde von Sorgen, Ängsten und Selbstzweifel, lässt sich einfach mal den Dingen ihren Lauf und ist am Ende doch die meist gehasste Ex-Frau!

Wie bekommt der Mann sie zurück?

Aufgewärmt ist nur Gulasch gut!
Das Sprichwort hat schon irgendwo seine Richtigkeit. Die Überlegung sollte besonders ausführlich gemacht werden, bevor man die Ex-Frau wieder zurückholt und sie dann nochmal wegen des gleichen Dilemmas verlässt.

Es ist oftmals schwieriger eine Frau zurückzuerobern, als mit einer anderen Frau eine komplett neue Beziehung zu beginnen, aber wenn das Gefühl da ist, dass die Ex-Partnerschaft eine ganz besondere Verbindung war, kann es das wert sein.

Doch benötigt wird der Schritt, die eigene Persönlichkeit zu formen und zu verändern, noch wichtiger jedoch, Zeit. Schließlich ist weder eine Frau noch ein Mann eine Maschine, die sich einstellen lässt. Den Ärger und die Frustration der eigenen Frau zu ignorieren, ist über längere Zeit ein fataler Weg, der direkt in die Sackgasse und an das Ende der eigenen Beziehung führt.

Erst wenn die letzten Hoffnungen zumeist vertrocknet sind, und sich Frauen von ihren Männern abwenden, realisieren diese, dass es eigentlich schon zu spät ist. Respekt, Toleranz und gegenseitige Anziehung zeichnen eine Persönlichkeit aus, die selbst in späteren Jahren neue Reize erfahren.

Auch wenn der Mann sie zurückgewinnen will, das Schlimmste was man tun kann ist, sie die ganze Zeit anzurufen, anzuschreiben oder sie sogar zu verfolgen.
Auch wenn der Spruch „aus den Augen, aus dem Sinn" zu einem gewissen Maße wahr ist, sollte man doch damit beginnen, der Ex ein wenig Platz zum Durchatmen zu lassen und die Zeit über alles nachzudenken, ihre Gefühle sammeln zu lassen und wieder emotionale Stärke aufzubauen und einfach mal sich selbst sein.

Auch der männliche Part sollte ehrlich zu sich selber sein und einen wahrhaft klaren Gedanken fassen, um herauszufinden was wirklich schiefgelaufen ist. Wie auch im vorherigen Thema beschrieben, handelt es sich ganz bestimmt nicht nur um diesen einen Grund der zur Trennung führte, es ist die Summe die den Topf zum Überlaufen bringt.

Ehrlichkeit währt am längsten! Wenn die Gründe greifbar sind, und er dennoch versucht sie zurück zu erobern, dann wird die Frau sich auch für die zweite Chance entscheiden.

Nur um das mal klar zustellen: der Frau den Freiraum zu geben, heißt nicht mit der nächst Besten aus der Bar nach Hause zu gehen, so wie es in einigen Ratgebern für Männer steht. Wenn die Beziehung darunter gelitten hat, ihr zu wenig Wertschätzung erbracht zu haben, ist es wenig ratsam, genau das zu tun, was die Ex jetzt von ihm erwartet.

In der Zeit des Freiraumes kann man sich endlich mal um sich selbst kümmern und sich selbst als Frau neu erfinden. Neue Interessen austesten und neue Wege einschlagen. Genau das sollte der Mann auch tun wenn er sie zurück möchte, seine Attitüde zu verändern.

Wenn wir Frauen dann mit kleinen Aufmerksamkeiten überrascht werden, ist das Spiel schon fast gewonnen. Denn wenn wir Frauen uns ehrlich sind, die Gefühlserinnerung, die am Anfang der besagten Beziehung schon einmal da war, verschwindet nicht mit dem Tag der Trennung.

Die Phase der Trennung lässt unsere Gefühle und Anziehung schwinden, jedoch nicht die Erinnerung an das Gute im Anfang. Das kann vom Mann genutzt werden, es neu zu entflammen.

Die Männer sind viel zu oft resistent gegen jedwede Form von Veränderungen. Ritualisiert und regelmäßig nehmen sie den Alltag auf und setzen diese nach den eigenen Regeln um.
Das mag wohl ein Grund sein, warum viele selbst die heftigsten Alarmglocken stur übersehen und einfach nicht für eine sentimentale Reparatur bereit sind.

Natürlich ist es für die Frauen wünschenswerter eine Trennung zu verhindern, anstatt nach erfolgter Umsetzung einem Stalker ausgesetzt zu sein.

Im Umkehrschluss ist hinzuzufügen: Hat sich eine Frau erstmal getrennt, gibt es immer ein Schluss Gespräch, was zu seinen Gunsten erfolgt. Wir sprechen nicht ohne Grund über die Folgen beziehungsweise über die Ausschlaggebenden Gründe der Trennung, die wir zu seinen Gunsten erörtern.

Hat er Aufmerksam zugehört, kann er die Informationen nutzen, uns erneut zu erobern. Tut er es nicht, wird die Trennung zwar schmerzhaft, aber im Endeffekt rigoros vollstreckt.

Also viel Glück, liebe Männer.

Gibt es einen Männerkodex?

In diesem Buch haben wir uns schon sehr auf die Frauen fixiert und die Eigenheiten, aber auch die Charakterlichkeiten dargestellt und bewertet. Was ist jetzt mit den Männern?

Zum Glück. Denn wir Frauen haben nämlich keine Lust, all die Problemchen, die entstehen, wenn mehrere Vertreter des „schwächeren" Geschlechts aufeinanderprallen, mikroskopisch genau auseinander zu nehmen und im Detail zu diskutieren - als Angeklagte, versteht sich.

In solch höchst wichtigen und natürlich jedes Mal absolut notwendigen Gipfeltreffens, zwischen Freundinnen, finden sich die verschiedensten Typen der Frauenwelt wieder.

Ganz wichtig ist die so genannte Anführerin. Sie ist, wie es der Name schon verrät, die Führende Person, und daher auch die Vorsitzende. Da sie allen wohlgesinnt ist und immer nur helfen will, macht das auch Sinn. Die selbsternannte Stellvertreterin der Anführerin ist meist das Paradebeispiel einer „zu jung-zu früh" Hausfrau.

Man erkennt sie durch Ihr lautes Sprachrohr, an ihrer keifenden Art und ihrer makellosen „Ich bin in allem was Mann-Haus-Kind betrifft besser informiert als du - Attitüde“.

Natürlich wären da noch die Klägerin und die Beschuldigte, diese zwei können von jeder Natur sein, wobei sie sich oftmals entweder total ähnlich oder aber grundverschieden sind. Was dazwischen gibt es nicht.

Bei den Männern ist das viel einfacher, die haben ihren heiligen Kodex mit 19 Artikeln, mehr müssen sie sich auch nicht merken.

Kurz und bündig, wie es halt sein soll! Dort kann man lesen, dass Männer sich auch in fremden Klos nicht hinsetzen dürften, oder dass eine Männerfreundschaft immer vor Sex gehe und zum Beispiel auch Männerkodex Regel 18:

„An einem Familienfest der Freundin sucht „Mann“ so schnell wie möglich die anderen (gegen ihren Willen) mitgeschleppten Männer, um gemeinsam zu leiden, oder sich zu betrinken!“ Toll, oder?

Im Bro-Code von Barney Stinson, eine Figur aus „How I met your Mother“, gespielt von Niel Patrick Harris, ist einer der Grundsteine für den Männerkodex.

Eine weitere Regel im Kodex: Unterhalten sich mehr als zwei Frauen, emsig und in bedrohlicher Lautstärke über das Verhalten einer Dritten, so gilt es als verboten, die hitzige Stimmung mit einem Witz erheitern zu versuchen. Die Frauen verbünden sich auf magische Art und Weise und steuern ihre geballte Energie auf einen zurück.

Diese Nummer passt auch gut in den Frauenkodex.

In der heutigen Zeit ist es jedoch schon schwierig einen echten Mann in der Wildnis zu entdecken, der noch keine Familie hat. Unter einem Gestrüpp von Eitelkeit und Männerschminke kann man schon glauben die Spezies Mann ist ausgestorben.

Der Kleidungsstil ist widerwärtig und für Männer zu feminin und für Frauen erst recht zu maskulin.

Was ist los in der heutigen Zeit, kennt denn niemand mehr den Männerkodex, der mit Schweiß, Herzblut, Moschus und Stärke gefüllt ist?

Wie jeder Mensch haben auch Männer Gefühle, aber anders als Frauen, zeigen sie diese ungern. Im Männercode ist das eine Art Tabu-Thema.

Einen sensiblen Mann hätte jede Frau gerne, mit dem man alle seine Gefühle und Emotionen teilen kann. Ein irrer Wiederspruch, denn so wie die Lage heutzutage aussieht, ist schon fast jeder zweite Mann eine Memme und die andere Hälfte nicht an Frauen interessiert. Konkret gesagt einfach homosexuell!

Übersteigt einem Mann die weinerliche Ader macht es ihm wirklich unattraktiv.

Jetzt sind Männer nicht nur darauf bedacht, für die Frauenwelt möglichst sexy zu sein, nein, Männer haben noch ein anderes Problem, darauf zu achten, möglichst einfühlsam zu sein und dabei nicht anders gepolt zu wirken, wie aus dem Männerkodex einhergeht.

Eine weitere Tatsache die aus dem Männerkodex zu uns spricht, ist die Stimme der Frau immer zu, wenn sie es verlangt!

Höre auf das Bauchgefühl, wenn die Frau mal unentschlossen ist und nicht weiß was sie will.

Ja es ist sicher nicht leicht ein Mann zu sein. Aus vielerlei Hinsicht kann ich aber aus Überzeugung sagen: Frau sein ist schwerer!

Der Umgangston spielt die Musik

Der Umgang in Streitigkeiten ist heikel. Oft spielt der Ton die Musik, wie diese Story endet.
Ja, was jetzt? Jahrelang mussten wir Frauen uns anhören, dass wir harmoniesüchtig und konfliktscheu sind. Dass wir um des lieben Friedens willen zu fast allem Ja und Amen sagen – und in Fällen, in denen das nun wirklich nicht geht, lieber fromm schweigen, als zu widersprechen.

Und jetzt heißt es plötzlich: Frauen streiten länger, häufiger und überhaupt mehr als Männer.

Ist jetzt tatsächlich das goldene Zeitalter angebrochen, in dem wir Frauen selbstbewusst sagen, was wir wollen und was nicht – selbst auf die Gefahr hin, dass wir nicht von allen gemocht werden, oder hat sich in uns schon eine gewisse Arroganz angestaut?

Das hätte einige Vorteile. Zum Beispiel kein schlechtes Gewissen mehr, wenn man lieber daheim bleibt, anstatt mit ihm im Kino diesen doofen 72-Tote-in-3-Minuten-Film anzuschauen.

In der Folge blieben die Menschheit und einzelne Paare auch von Streitereien verschont, denn auch Jahre später begann die kleine Diskussion den Partner zu einem Treffen zu begleiten, was dieser nicht wollte.
Es geht einer Frau nicht um das gegenwärtige Thema, das Treffen, sondern darum, wer bei uns in der Beziehung immer bereit ist, für den anderen einfach mal was aus Liebe zu tun. Und wer nicht!
Es folgen Bemerkungen über Schmutzwäsche.

Zugemüllte Kleiderschränke, allgemeine Herzlosigkeit, Putzintervalle, Türkrachen, Tränen und vieles mehr. Könnte man sich alles mit einem klaren Wort zur rechten Zeit ersparen.

Streit ist was Tolles - man klärt Standpunkte und am Ende kommt bestenfalls ein Kompromiss heraus, mit dem beide Seiten leben können. Das erfrischt, reinigt und hält Beziehungen auf dem neuesten Stand. Wenn Frauen beherzt und zeitnah die Auseinandersetzung suchen und nicht immer warten, bis all das Angestaute auf einen Schwupps wie eine riesige Fontäne aus ihnen herausbricht, könnte es ihnen vielleicht sogar gelingen, im Fall der Fälle nicht ganz so emotional zu werden.

Ein Verhalten, das auch im Beruf seine Vorteile haben soll. Von wegen Durchsetzen eigener Interessen und nicht immer die Arbeit der anderen mitmachen zu müssen. Wobei auch hier die Damen anscheinend leichter aneinandergeraten, pflegen sie doch einen engeren Umgang miteinander, als Kollegen, die es im Büro gern ein bisschen distanzierter mögen. Die Nähe erzeugt nun mal Reibung.

Da ist sie wieder, unsere alte Begleiterin, die Sehnsucht nach Harmonie! Was die pastellfarbene Wohlfühlwolke stört, macht schlechte Gefühle. Wer beherzt seine Meinung sagt und dann auch noch versucht, sie durchzusetzen, plagt sich danach gerne mit dem Gefühl, mal wieder einen Streit provoziert zu haben. Oder freut sich, dass er Recht behalten hat.
Aber vielleicht liegt es auch an der Selbsteinschätzung der Streithähne selbst.

Es kommt darauf an, wie selbstbewusst oder Arrogant man im Disput wirkt, und nicht in eine verheerende Trennungs- Richtung gleitet.

Selbstbewusst oder Arrogant?

Selbstvertrauen und Arroganz werden leicht miteinander verwechselt, weil Menschen dazu neigen, über selbstbewusste Menschen positiv zu denken. Im Gegensatz dazu werden Menschen, die arrogant auftreten, von anderen oft negativ wahrgenommen.

Daher muss man die Unterschiede zwischen Selbstvertrauen und Arroganz verstehen um in Konfliktsituationen souveräner zu handeln. Gerade wir Frauen sind diejenigen, die den „schönen“ Streit suchen, um die wichtigen Standpunkte zu vertreten, einen Kompromiss finden und in Harmonie weiter zu machen.

Selbstvertrauen bedeutet zu wissen, dass man in der Lage ist, seine Aufgaben erfolgreich zu bewältigen.

Ein selbstbewusster Mensch hat Vertrauen in seine Fähigkeiten, herausfordernde Situationen zu meistern und bestimmte Ziele zu erreichen. Selbstvertrauen entsteht durch gesammelte Erfahrungen.

Sobald wir feststellen, dass Herausforderungen zu überwinden sind und Grenzen überschritten werden können, gewinnen wir nach und nach Erfahrungen, die zu einem positiven Selbstwertgefühl beitragen und in weiterer Folge fühlen wir uns dadurch Selbstbewusst.

Das lässt auch das weibliche Geschlecht mehr zu, sich in Auseinandersetzungen zu begeben.

Bei der Arroganz handelt es sich um ein überhöhtes Selbstbild. Arroganz beruht auf falschen Überzeugungen und führt dazu, dass man sich selbst überschätzt und falsche Vorstellungen von seinem eigenen Selbstwert entwickelt.

Es fehlt diesen Menschen an Einfühlungsvermögen und sie sehen sich selbst in einer überlegenen Position gegenüber anderen. Arroganz ist auf mangelnde Selbstwahrnehmung zurückzuführen und anders als beim Selbstwertgefühl, fehlt einem arroganten Menschen die Erfahrung um sich selbstbewusst zu Fühlen.

Arrogante Personen können ihre eigenen Schwächen nicht erkennen, überschätzen ihre Stärken und sie haben keine korrekte Vorstellung davon, wie andere Menschen sie wahrnehmen, sie wissen oft den Wert anderer nicht zu schätzen.

Selbstbewusst zu sein ist eine grundsätzlich wünschenswerte Eigenschaft, während Arroganz hingegen negativ bewertet wird. Was macht also den Unterschied zwischen den beiden aus und wann wird Selbstvertrauen zu Arroganz?

Arroganz kann in einem Gefühl von Narzissmus verwurzelt sein und wird durch mangelnde Selbstwahrnehmung noch verschlimmert. Eine selbstbewusste Person ist sich ihres Wertes bewusst, sieht gleichzeitig aber auch den Wert von anderen Personen und meint nicht, über anderen zu stehen.

Selbstvertrauen wird jedoch dann zu Arroganz, wenn Perspektiven verloren gehen und der Mensch seine Bescheidenheit ablegt.

Selbstbewusste Menschen sind offen für die Meinungen und Ideen anderer. Sie sind sich ihrer selbst sicher und können daher Anregungen von anderen aufnehmen. Arrogante Menschen glauben, dass sie alles wissen und weigern sich, Hilfe anzunehmen.

Sie haben eine überhöhte Wahrnehmung ihrer Fähigkeiten, sodass ihnen nicht klar ist, dass sie von den Ratschlägen anderer profitieren würden.

Selbstvertrauen beruht darauf, sich seiner selbst und seines eigenen Wertes sicher, gleichzeitig aber nicht davon eingenommen zu sein. Arroganz entsteht, wenn sich die ganze Welt plötzlich nur noch um das eigene Selbstbild dreht.

Man stellt sich in den Mittelpunkt des eigenen Universums. Welchen Wert andere Menschen haben, wird dabei zweitrangig im Vergleich zu dem, was man glaubt, selbst bieten zu können.

Eine selbstbewusste Person hat ein hohes Selbstwertgefühl und macht sich nichts daraus, mit der eigenen Leistung zu prahlen.

Ein arroganter Mensch hingegen legt zu viel Wert auf sein Selbstbild und ist nie zufrieden. Er hat das Bedürfnis zu prahlen, da er in Wirklichkeit nicht zufrieden mit seinem äußeren Image ist.

Egal ob Mann oder Frau, in einer Auseinandersetzung kann der Selbstbewussteste nicht gegen den Arroganten gewinnen, dieser muss sich ständig überlegen fühlen, andernfalls würde er sich in seinem Sud des Selbstmitleides baden.

Leider suchen vermehrt diese Frauen den Konflikt um ihre „eingebildeten“ Werte kund zu geben und die Bestätigung des nächst gelegenen zu finden. Das ist nun einmal der Partner.

Ist jetzt nur eine Frage in wie weit das für den männlichen Part tragbar ist, oder besser ausgedrückt, dieser damit leben kann.

Der Mittelweg

In allen sozialen Situationen ist es von entscheidender Bedeutung, zu wissen, wie man die Waage zwischen Selbstvertrauen und Arroganz hält. Es lohnt sich immer, am eigenen Selbstvertrauen zu arbeiten. Allerdings sollte man dabei darauf achten, dass man nicht zu eingenommen wird vom eigenen äußeren Image.

Selbstvertrauen ist eine organische Eigenschaft, die ganz natürlich entsteht, wenn man wirklich zufrieden und mit sich im reinen ist.

Mit guter Selbstwahrnehmung lässt sich Arroganz einfach vermeiden. Mit dem Ziel, sich weiterentwickeln zu wollen, kann Selbstvertrauen auf natürliche Weise aufgebaut werden.

Wenn der Mann glaubt, uns aus dieser Weise ändern zu wollen, hat er sich getäuscht. Den Spiegel muss die Frau selber hinstellen und hineinblicken, bevor sie ihr Selbstbild verändert.

Andersrum experimentieren wir Frauen gerne mit der Wandlung des Mannes.
Natürlich haben wir unsere Tricks um das nicht zu offensichtlich zu betreiben.

Die Frauenwelt wird mich dafür jetzt wahrscheinlich hassen, aber ich gebe im nächsten Kapitel die unterschwelligen Touren bekannt, wie es uns Frauen gelingt, den Mann auf uns zu richten.

Wie ändern wir Männer

Gut, welche Frau hat schon einmal versucht, den Kleidungsstil des Partners vom erwachsenen Skater zum stilsicheren Gentleman zu ändern? Kurz und bündig verrate ich einen einfachen Trick, ohne das es dem Mann auffällt was wir vorhaben.

Das Restaurant: Wir finden als Partnerin immer wieder gründe in ein schickes Lokal zu gehen und legen ihm den Dresscode mit geschickten Worten ans Herz, lassen jedoch ihm die Entscheidung über.

Klar möchte der Mann in jedem Ambiente glänzen und wir sich anpassen. Früher oder später verbindet er die Abende als positives Erlebnis und gefällt sich selbst im schicken Hemd. Zack, aus dem Schlabbermensch wird ein Vorzeige-Mann.

Wie oft haben wir versucht, ihm durch die Blume mitzuteilen, dass er unbedingt den Friseur wechseln sollte, weil ihm eine andere Frisur besser stehen würde.

Zugegeben, diese Sache ist etwas verzwickter. Wir wissen, Männer sind nicht blöd und ihnen weis zu machen, der Friseur wäre umgezogen, würde im Höchstfall einen herzhaften Lacher aus ihm herausholen.

Der Film: der Lieblingsfilm, den man sich als Paar gerne ansieht, beinhaltet Schauspieler und demnach auch Vorbilder, denen der Mann nacheifert. Als Frau ein gefundenes Fressen, das Äußere des Liebsten zu ändern. Die Bemerkung muss nicht auffordernd sein, sie kann immer mal wieder in das Gespräch eingeworfen werden.

Eine Etappe weiter geht die Programmierung im Alltäglichen Leben. Hat man beispielsweise keinen Film den man sich gerne ansieht und ist viel lieber draußen spazieren, kann die Bemerkung über die Frisur eines Passanten Wunder wirken.

Der Zaubertrank steckt in der Wortwahl. Der Hinweis darf nicht zu direkt sein aber auch nicht zu verwirrend. Jeder Liebende hegt eine gewisse Eifersucht, die sich zu einem Konflikt entwickeln kann, wenn eine Frau zu sehr vom Aussehen fremder schwärmt. Hat man den Dreh raus, ist es nur noch eine Frage der Belohnung.

Ein Beispiel; Ein Passant hat eine Äußerlichkeit, die man an seinem Partner verwirklichen möchte, da reicht ein kurzes aufgeschwungenes „Hmmh". Natürlich kommt die Frage des Gegenübers, was dieser wunderliche Ton ausgelöst hat.
Dann kann man die Anziehung schön umschweifen und mit einer Zustimmungsfrage würzen.

Geht er in weiterer Folge auf die Zustimmung der schönen Frisur ein, gibt man ihm ein Leckerli, anders gesprochen, ein ausführliches Kompliment. Wichtig ist, nicht seine „uns nicht gewollte" Frisur zu komplimentieren.

Wiederholt man diese schwärm-komplimentier Geschichte ein paar Mal und zeigt zum Schluss hin vor, dass bei ihm das auch gut aussehen könnte, dann hat der Zauber schon seine Wirkung.

Auf seine Zustimmung zu den Öfteren Fällen, ist es ja nicht die Entscheidung der Frau, sondern ganz allein seine.

Der Punkt ist, dass kein Mensch perfekt ist. Warum wollen wir unseren Partner also ändern, wenn wir uns selbst als größtes Problemzonen-Projekt betrachten? Warum müssen wir also stets mit unserem Mann zufrieden sein, wenn wir es noch nicht einmal mit uns selbst sind?

Vielleicht liegt aber genau da der Trick. Frauen, die mit sich im Reinen sind, Selbstbewusst genug und mit erhobenem Haupt durch die Welt spazieren, brauchen keinen perfekten Mann, um ihre Unzufriedenheit auszugleichen.
Eine Beziehung, die Überraschungen, kleine Kabbeleien und manchmal auch das falsche Jackett zum romantischen Abendessen mit sich bringt, kann trotzdem perfekt sein.

Niemand ändert sich weil wir das wollen. Da hilft auch kein Meckern und Nörgeln. Die Tür zur Veränderung geht nur von innen auf.
Veränderung folgt dem Sog und nicht dem Druck.
Wenn wir wollen, dass wir akzeptiert werden mit allen Ecken und Kanten, dann wäre das auch gut, dem anderen das zuzugestehen.

Bedingungslose Liebe zeigt uns die Wertschätzung aller Facetten die wir haben. Egal ob schlechte oder gute Charakterzüge, das wünschen wir Frauen uns ja auch.

Warum geben sich Frauen mit nichts zufrieden?

Das Wichtigste im Leben ist es, glücklich und zufrieden zu sein. Leider verläuft die Suche nach dem Glück für zahlreiche Menschen vergebens. Sie schuften ihr Leben lang für Ruhm, Macht oder Geld, nur um irgendwann zu merken, dass sie all ihre Ziele längst nicht so glücklich machen, wie erhofft.
Plötzlich liegt man in Reue auf dem Sterbebett, mit nur einer Frage im Kopf, wo sie im Leben die Abzweigung zum Glück verpasst haben.

Das Glück ist nicht fern. Es liegt nicht in der Zukunft und ist nicht an Bedingungen geknüpft. Glück ist stattdessen ein innerer Zustand, der nur in einem selbst zu finden ist.
Leider lassen sich viele Menschen von drei großen Irrtümern leiten, welche in unserer westlichen Konsumgesellschaft weit verbreitet sind und stehen ihrem persönlichen Glück sowie beruflichen und privaten Erfolg dadurch selbst im Weg.

„Wenn ich das abschließe, dann werde ich glücklich sein."
Diese Liste der Vorsätze ist endlos.

Unglücklicherweise, ist das nicht wahr, denn Glück kommt nur von innen.

Dieser Effekt ist auch für die viel diskutierte Konsumspirale verantwortlich. Jeder Konsum stellt für das menschliche Gehirn eine Art Belohnung dar. Dementsprechend werden Glückshormone ausgeschüttet und es wird ein kurzes Hochgefühl erlebt. Nach dem Autokauf oder der Shopping-Tour, welches leider in Windeseile wieder verfliegt und meistens hinterher ein schlechtes Gewissen hinterlässt.

Konsum macht also ebenso wenig dauerhaft glücklich wie die Erreichung von Zielen oder kleinen Erfolgen.

Was ist mit der Frau? Wenn wir das Leben in jeder Lage souverän gemeistert haben, eine Familie, einen Beruf, den uns niemand nehmen kann und ein Haus nach eigenen Vorstellungen erbaut haben. Dennoch stehen Frauen mit fahlen Blicken auf und warten bis der Tag vergeht. Was macht uns hier unglücklich?

Ganz einfach! Jene Frau, die in ein Leben geschlittert ist, was von Glück und Wohlempfinden nur so strotzt, ist gelangweilt.

Langeweile ist ein mühseliger Zeitgenosse, der sich nur schwer vertreiben lässt. Um erneut auf die Grundsätze der Frau hinzuweisen, braucht eine Frau Aufgaben und Drama, um einen gesunden Tratsch mit der Freundin aufrecht zu erhalten und selber emotional zu wachsen.

Kommt ein Mann auf die glorreiche Idee, die Frau in dieser Phase ihres Lebens mit materiellen Gebrauchsgütern aufzuheitern oder sie mit hübschen Geschenken zu überhäufen, muss schmerzlich festgestellt werden, das dieses Glücksgefühl beim aufmachen des Geschenkes genauso schnell verfliegt.
Die zuvor erwähnte Konsumspirale ist weder aufregend noch in irgendeiner Weise interessant.

Eines der Dinge die im Leben gelernt werden muss ist: Man kann nicht immer alles beeinflussen. Es gibt Momente, in denen es besser ist Nichts zu tun und den Dingen ihren Lauf zu lassen. Meistens regelt es sich von allein.

Jeder ist seines Glückes Schmied. Jener der glaubt es gibt ein eingespieltes Erfolgsrezept das jeder befolgen kann, irrt sich.

Nimmt man ein kurzes Beispiel zur Hand: ein Verkaufstraining verschafft Schritt für Schritt einen Einblick, wie jeder alles verkaufen kann. Würde jeder alles verkaufen können, gebe es dann noch Käufer?

Genau das ist es, woraus eine unzufriedene Frau ausbrechen muss und die Passion findet die Sie antreibt.

Liebeskummer Frauen

Sie investieren mehr

Bei Liebeskummer sind Frauen also besorgter und ängstlicher, Männer wütender und orientierungsloser. Aber wie und woher kommt das?
Frauen analysieren das Beziehungs-Ende mehr, viel intensiver und tiefer als Männer. Reden mit Freundinnen und Freunden, ergründen jede Begebenheit, ergeben sich in Frustessen mit Schokolade, oder essen eben auch einfach mal nichts. Der Kummer begleitet ihren Tag.

Männer hingegen versuchen sich von ihrem Verloren sein abzulenken, mit Sport, der Arbeit oder eben auch neuen Abenteuern.

Damit verdrängen sie das Gefühl der Orientierungslosigkeit, suchen Orientierung im Alltag sowie in anderen Dingen und fühlen sich nicht ganz so zerbeult wie Frauen.

Dabei aber bleibt die Verarbeitung aus, die das Analysieren so mit sich bringt. Das führt dazu, dass sie im Grunde länger leiden und trauernd an die Beziehung denken, mehr als das Frauen tun. Frauen investieren weit mehr in eine Beziehung als Männer.

Eine kurze romantische Begegnung könnte für Frauen zu neun Monaten der Schwangerschaft führen, gefolgt von vielen Jahren der Erziehung und des Kümmerns, während der Mann die Begegnung nach dem Sex verlassen kann, ohne weiter investieren zu müssen. Zumindest emotional. Im Gesetzlichen Gegenteil, investieren Männer umso mehr Geld in eine zerbrochene Beziehung.

Diese hohe Investition an Gefühlen, die in unserer Biologie begründet liegt, führt seit ewigen Zeiten dazu, dass Frauen wählerischer sind. Sie suchen sich ihren Partner genauer aus und leiden dadurch mehr unter dem Verlust des Auserwählten.

Liebeskummer Männer

Sie sind schneller wieder auf der Pirsch

Männer stürzen sich schneller in eine neue Beziehung oder Affäre als Frauen. Auch das ist ein gängiges Verhalten, was in vielen Freundes- und Bekanntenkreisen zu beobachten ist.

Wird es einem Mann zu langweilig, will er sich so schnell wie nur möglich aus der monogamen Zwangsjacke befreien und läuft generell schneller Gefahr, sich in eine unbedeutende Affäre zu stürzen. Schöne Männer haben wir Frauen bekanntlich eh nicht allein für uns.

Recht ändern kann man das beim Mann nicht, das muss der Mann schon ganz allein können. Wir Frauen müssen einfach hoffen, nicht zu wissen, wenn er einen Seitensprung macht und wenn wir es doch herausfinden, ihn weiterziehen zu lassen, so hart es auch klingen mag – oder auch nicht, das ist Ansichtssache.

Das soll nicht heißen, dass er nicht am Beziehungs-Ende knabbert und leidet. Er stellt sich hier gleich wieder dem Konkurrenzkampf und versucht zu ersetzen, was er gerade verloren hat.

Er geht auf Pirsch, um eine neue Frau kennenzulernen und den Verlust zu kompensieren. Im schlimmsten Fall kommt er zur Erkenntnis, dass der Verlust unersetzbar ist.

Eine neue Beziehung oder Affäre bedeutet allerdings auch, nicht mehr allein sein zu müssen und dieses Gefühl behagt Männern wesentlich weniger als Frauen. Alleinsein ist eben nicht jeder MANN's Sache.

Wir Frauen orientieren sich weiter an unserem Frauenkodex, der uns die Sicherheit und die Souveränität bietet, die Lage und die Einsamkeit zu überwinden.

Einsamkeit - Gut oder schlecht?

Wissen wir eigentlich wann wir einsam sind und dahingehend wer wir sind? Wir Frauen sind allgemein euphorisch und hängen uns an einen Partner und glauben unsere Persönlichkeit in dem Partner zu finden.

Während das Gleiche Männer mit deren Berufung anstellen, beziehen sich Frauen mehr auf den Mann.

Ist man in der Position das bewerten zu müssen, ist „Gut“ der falsche Ausdruck in der Gegenwärtigkeit der Frau. Denn einen Mann in die weite Prärie zu treiben, begibt sich eher, als das man kurzer Hand die Anstellung verliert.

In diesem Sinne leiden Frauen elender als ein räudiger Hund, auch wenn es nicht offensichtlich von der Frau praktiziert wird. Wie uns der Frauenkodex dazu leitet, unsere Gefühle in der Öffentlichkeit nicht zu zeigen, scheitern nicht so oft an der Umsetzung die emotional schwächeren Frauen. So hart es auch klingt, ein Tränchen verdrücken bedarf eine harte Schale.

Das Gute? Kommt eine Frau souverän darüber hinweg, tritt ihr wahres Ich zu Tage und kann sich neu erfinden und neu entfalten. So schrecklich die Floskel auch für Männer klingen mag, eine Frau muss sich selber finden um frei zu sein. All jene zwanghaften Bemühungen sind nur Taten aus Selbstzweifel, Suche um Anerkennung und Lob, aber nie aus reinem Selbstwillen!

Eine neue Begegnung erscheint in dieser Situation zwar in erster Linie als effektive Ablenkung, jedoch macht das Schicksal keinen Halt und holt einen immer wieder ein.

Von daher ist die Warteregel im Frauenkodex zwar kurz gehalten, jedoch wahnsinnig effektiv die Einsamkeit zu überwinden.
Zusammenhängend mit der Regel:
Selbst ist die Frau, wird schreckliche Unsicherheit umgewandelt in Selbstliebe einer starken Frau.

Bestimmt ist das leichter gelesen als in die Tat umgesetzt und folgen werden derartige Abzweigungen der Trennung:

- Wut
- Rückblick auf die schöne Zeit
- Trauer
- Selbsthass
- Fehlersucher bei sich selbst
- Anhänglichkeit
- Neugier
- Akzeptanz
- Freude über gewonnene Zeit
- Selbstliebe

Klar, jeder durchschreitet die Phasen mit einer anderen Wahrnehmung und Geschwindigkeit, doch sind sie alle irgendwie gleich.

Einsamkeit und Zweisamkeit, in diesen Worten lesen sich Zahlen und nur durch diese unterscheiden sich die beiden Wörter. Auf der Gefühlsebene macht die Zweisamkeit eher glücklich hingegen der Einsamkeit mehr das Gegenteilige uns spüren lässt.

Wieso? Wieso lassen wir uns von den Gefühlen derartig leiten? Hingewiesen auf den ersten Satz im Absatz, besteht kein Hindernis in beiden Wörtern Glück und Zufriedenheit zu empfinden.

Überhaupt ist es viel anstrengender unzufrieden zu sein. Menschen sind allgemein bekannt als Rudeltiere, ähnlich wie Hunde und doch halten viele ihn als einzelnem Haushund der auch als nicht unter seines Gleichen allein glücklich ist.

Wir lernen aus so vielen Facetten unseres Lebens das positive herauszufiltern und auf andere Mitmenschen zu projizieren. Eine selbst erkannte Frau schafft dies auf sich umzulenken und kann daher auch gut mit sich selber auskommen und in glücklicher Weise Einsam sein.

Was wenn eine Frau das Kapitel Mann komplett für sich geschlossen hat? Von außen betrachten wir sie als wahrhaft starke Frau, die selbstbestimmt und mit sich im Reinen ist. Allerdings trügt der Schein, denn bekanntlich zeigen sie niemals ihre wahren Gefühle.

Die Einsamkeit überwiegt und erdrückt in langer, sehr langer, Warteschlange auf eine neue Erfahrung.

Wichtig ist jedoch zu Wissen, das altbekannte Sprichwort:

Alles mit Maß und Ziel. Mit zunehmender Einsamkeitsdauer macht sich das Rudeldenken des Menschen wieder bemerkbar. Der Urinstinkt kennt kein Entrinnen.

Der Frauenkodex einer starken Frau

- Wir stehen zur eigenen Meinung und den eigenen Taten

- Wir vertrauen auf unser Bauchgefühl

- Wir sind nicht Nachtragend, aber lassen Fehltritte nicht ungesühnt

- Freunde stehen über einem Mann

- Wir Frauen können auch mal alleine sein

- Die Lektionen des Schweigens machen wir uns zu Nutze

- Stärke wächst nicht aus körperlicher Kraft, sondern aus unbeugsamen Willen

- Nur Prinzessinnen richten Krönchen, Königinnen ziehen das Schwert.

- Eine starke Frau kann morgens lächeln, selbst dann wenn sie die Nacht über geweint hat.

- Kämpfen ist der erste Weg zum Sieg.
- Keine Frau hat es jemals bereut, ihr Bestes gegeben zu haben.

- Eine Frau gibt Träume niemals auf, denn sie weiß nie, wie nahe das Ziel schon ist.

- Der Mut der Frau ist nicht die Abwesenheit der Angst, sondern trotz dessen weiter zu machen

- Was die können, kann ich auch – aber besser!

- Wir beenden den Tag mit einem positiven Gedanken

- Die Bewertung, wer wir sind, überlassen wir ganz allein uns.

- Selbst ist die Frau

- Wir verlassen uns auf niemanden

- Wir sind stark und erlauben uns leise zu sprechen

- Ohne Frauen geht es nicht, das hat auch Gott eingesehen

- Wir wenden uns der Sonne zu, dann fällt der Schatten hinter uns.

- Die tollsten Frauen sind nicht perfekt, sondern echt!

- Wir gestehen uns Fehler ein, und machen das Beste daraus

- Fragen macht klug

- Diejenige, der ihre Begierde zu befriedigen weiß, ist klug, der sie zu beherrschen weiß, ist weise.

- Wir vergleichen uns nicht

- Tote Fische schwimmen im Strom, lebendige dagegen!

- Ehrlichkeit ist eine Fähigkeit, mit der nur wenige Männer umgehen können

- Frech? Nein, wir Frauen nennen das verbal überlegen.

- Die Frau kann alles, was sie will.

- Wir sind der Wandel, den wir in der Welt sehen möchten.

- Wir erkennen unsere Schwächen
- Wir nehmen Kritik an und lernen daraus
- Wir erfinden uns neu, bleiben uns dennoch selbst treu
- Unsere Makel machen uns schön
- Wir jammern nicht
- Wir sagen auch mal NEIN
- Wir geben unsere Ziele niemals preis, es gibt Leute die das zu verhindern wissen
- Wir respektieren andere genauso wie uns selbst
- Im Leben gibt es nur zwei Sünden: Leben ohne zu handeln & Handeln ohne Ziel

Frauen in der Führung

Eine Frau ist nur deshalb nicht Feuer und Flamme, weil sie mit einem Feuerlöscher verheiratet ist!

Frauen in Führungspositionen, muss das sein? Nach dem Motto agieren noch immer die meisten Unternehmen und stehen damit abseits ihrer europäischen Nachbarn. Jetzt gibt es Schützenhilfe für den weiblichen Nachwuchs und die kommt – Überraschung – aus der Wirtschaft.

Frauen auf der Brücke – das kann ja nicht gut gehen. Haben wir ja eben erst wieder im italienischen Mittelmeer gesehen.

Capitano Schettino verlor im Angesicht einer Blondine aus Moldawien kurzzeitig den Überblick und setzte das ihm unterstellte Kreuzfahrtschiff auf die Felsen. Elf Tote wurden aus dem Wrack geborgen.

Dieser Vorfall ereignete sich in Italien. Dem Land, in dem ein durch und durch berlusconisiertes Fernsehprogramm Frauen als groß-brüstige Gestalt präsentiert.

Ein Land, in dem die Emanzipation in den Kinderschuhen steckt, oder sind das nur wieder Klischees? Vielleicht sollten wir vorsichtiger sein mit überheblichen Schlussfolgerungen dieser Art.

Schaut man sich die Entwicklungen in der Arbeitswelt an, sind es ganz andere Fakten, die uns zu denken geben sollten. Wahrscheinlich hätte es ein deutscher Kapitän nicht zugelassen, nahe an einer felsigen Inselkante entlang zu fahren.

Was aber in unseren Führungsetagen, sozusagen auf unseren Schiffsbrücken, los ist, ist nicht weniger beschämend als die Ereignisse auf der Costa Concordia.

In Bezug auf Frauen in Führungspositionen wird nach wie vor auf die Fruchtbarkeit der Frau beharrt und eine Ausfallquote darüber herangezogen.

Es geht um Gewinne, Verluste, um zählbare Ergebnisse. Die wirtschaftlich gewandte Frau sollte ernster genommen werden als viele andere kritische Töne gegenüber dem sogenannten gläsernen Buche, die die Frauen an der Karriere hindert.

In tagen wie heute, gibt es schon viele Möglichkeiten der Kinderbetreuung. Klar, man redet sich auf den Zeitraum der Trächtigkeit aus, nur wenn wir uns ehrlich sind, könnte ein sportbegeisterter Mann einen Unfall erleiden und genauso unerwartet ein Jahr ausfallen.

Meiner Ansicht nach ist das Heranziehen einer Schwangerschaft nur eine billige Ausrede, die starke Frau nicht auch noch über Männer bestimmen zu lassen - zurück in die 60er Jahre, herzlich willkommen.

Wie oft haben wir Frauen genau die Frage nach dem Kinderwunsch schon beim Einstellungsgespräch gehört.

Zugegeben, wenn man nach dem Frauenkodex geht, stehen wir zu unseren Gedanken und sind immer ehrlich. Das Wissen über solche Gespräche besagt, dass es keineswegs erforderlich ist private Angelegenheiten kund zu tun.

Schließlich kennt man das gegenübersitzende Gesicht nicht.

In Vergleich zu einem ausgewählten Mann, den man als potentiellen Partner ansieht, bindet man genau so wenig einen Kinderwunsch an die Nase, beim ersten Kennenlernen wohlgemerkt.

Selbst wenn es stimmt und ganz ehrlich zu seinem Empfinden steht, keine Kinder haben zu wollen, haftet dennoch das „Sie könnte ja trotzdem" an der Frau.

Im Endeffekt ist es gleichgestellt, ob der Chef die Frage stellt oder nicht, was man darauf antwortet oder nicht, das wiederholte Klischee bleibt aufrecht und damit können wir Frauen umgehen lernen.

Arbeit macht frei

Arbeit macht Frauen unglücklich, während sie für Männer identitätsstiftend ist.
Was ist da wirklich dran? Frauen, die nicht arbeiten, sind glücklicher? Männer dagegen seien ohne Job unzufrieden, denn, für die Männerwelt ist eine habende Arbeit eine Identität.

Wer sich als gern arbeitende Frau jetzt überrumpelt fühlt, der darf sich hier eines Besseren belehren lassen.

Viele Frauen würden sehr gerne arbeiten wollen, es aber oft nicht hinbekommen.

Die schlagzeilenträchtige These vom Anfang schmilzt dahin und macht einer zwar bekannten, aber nicht minder problematischen Feststellung Platz:

Die sogenannten Dual-Career-Paare. Paare also, bei denen beide arbeiten, scheitert es oft an den unzureichenden Möglichkeiten, Familie und Beruf zu vereinbaren, beziehungsweise unter einen Hut zu bekommen.

Neben der Unzufriedenheit der betroffenen Frauen ist dies auch das größte Problem für die demographische Zukunft unseres Landes. Handelt die Politik nicht bald tiefgreifend und wirksam, setzt sich die Kinderarmut weiter fort. Denn auf die Geburtenrate wirken sich weniger die kinderlosen Familien aus als vielmehr die Frage, wie viele Frauen ein zweites, ein drittes, oder gar ein viertes Kind bekommen.

Wenn sich die Frauen aber weiterhin gegen das zweite Kind entscheiden, gibt es wenig Hoffnung für unser Rentensystem, es wird sich der Fachkräftemangel weiter auswachsen und es steht der Sozialstaat auf tönernen Füßen.

Das sind die Schreckensszenarien, die zum Umdenken und Zugreifen anregen sollten. In Politik, Wirtschaft sowie Gesellschaft.
Das liegt ganz allein in den Obrigkeiten der Frauen. Ach ja, die gibt es ja nicht, denn eine Führung der Frau steht immer noch nicht zur Debatte für den herrschsüchtigen Mann.

Aber noch heute gilt offenbar, was Ulrich Beck bereits 1986 schrieb: „Das Bewusstsein ist den Verhältnissen vorweg geeilt."

Während Länder wie Schweden oder Frankreich schon seit den 70er Jahren einen Rechtsanspruch auf eine Kindertagesbetreuung eingerichtet haben, zieht man viel lieber einen fünf Stunden Vormittag für unter Drei-Jährige in Betracht, was ein Berufsleben schier unmöglich macht.

Halbtagplatz, das bedeutet, das Kind muss nach dem Mittagessen wieder abgeholt werden. Arbeitsplätze aber, die eine Anwesenheit von vier Stunden pro Tag erlauben, sind rar gesät. Vor allem aber können Frauen nach der Geburt ihrer Kinder häufig nicht wieder in ihre alten Arbeitsverhältnisse zurück, oder nur zum Teil, wie zum Beispiel in eine andere Abteilung weil das Arbeitspensum das sie dahingehend erreichen sollen, nicht gegeben ist.

Dagegen scheinen Arbeitszeiten und Umfang einen deutlich wichtigeren Teil auszumachen: Landwirte rangieren etwa seit eh und je auf dem ersten Platz, während Frauen, die in der Werbebranche oder in der Sozialarbeit tätig sind, in journalistischen oder publizistischen Berufen weniger Kinder bekommen.

Am häufigsten üben Frauen Berufe wie Krankenschwestern, Verkäuferinnen, Putzfrauen aus. Die Statistik sagt uns aber nicht, was diese Frauen vorher gemacht haben.

Männer, die Einbußen im Beruf hinnehmen, um sich mehr um ihre Kinder zu kümmern, um ihre Frauen zu entlasten, sind fast nicht auffindbar. Womöglich rührt das auch daher, dass die Frau immer noch weniger verdient als der Mann.

So wagen drei Viertel von ihnen den Schritt, nehmen allerdings nur die zwei Mindest-Monate. Hier greift die Kritik an der Familienpolitik der Bundesregierung nicht. Die finanziellen Einbußen, die Männer hinzunehmen haben, sind gravierender als bei Frauen, die von ihren Normalarbeitsverhältnissen abweichen.

Ihnen wird es deutlich schwerer gemacht, Arbeit und Kinderbetreuung zu vereinen. Umso weniger überraschend, dass sich bei Ihnen die Frustration über das Gleichgewicht von Familie und Beruf ausbreitet.

Es gibt einige Männer die in den Genuss kommen wollen, zuhause bei den Kindern einfach mal Hausmann zu sein. Die Rollen allerdings zu tauschen, macht uns die Wirtschaft nach wie vor zu schwer.

Dem wiederum können nur gesellschaftliche Konventionen zugrunde liegen, die es den Vätern ermöglichen, sich hinter der klassischen Ernährer-Rolle zu verstecken. Dadurch fehlt ihnen aber die freie Wahl, zwischen Vollzeit- und Teilzeitarbeit zu entscheiden. Fast nach dem Motto: Nun bloß nicht schwerpunktmäßig und einseitig das Doppelverdiener-Modell zu fördern.

Eine einseitige Förderung will natürlich niemand. Klar ist aber auch geworden, dass die bisherigen Maßnahmen nicht ausreichen, um auch nur annähernd schwedische Maßstäbe anzusteuern, um es möglich zu machen, dass Väter und Mütter gleichzeitig arbeiten und trotzdem ein zufriedenes Dasein führen.

Das würde wirkliche Wahlfreiheit bedeuten. Keine Entscheidung zwischen einem erzkonservativen Rollenmodell und dem Zerrieben-Werden im Alltag - also zwischen Adam und Eva.

Das Thema nur unter Frauen

Die Frau - das kryptische Wesen:
Es ist schon schwer sie zu verstehen, doch einige Geheimnisse wird sie nie mit der Männerwelt teilen und Ihnen auch nie gestatten, über diese Tabus zu reden. Aber keine Bange, es ist nicht weniger schwer zu erläutert, welche Fallstricke lauern und was sich selbst bei vermeintlichen Traumfrauen auftut. Frauen reden über manche Dinge einfach nicht. Doch aufgepasst, wenn plötzlich der Mann diese verbotenen Themen anspricht. Wir kommen damit gleich zum ersten ganz wichtigen Tabu: Einer Frau ist nie vorzuwerfen, sie würde tratschen. De facto sind viele Frauen nämlich wahre Plaudertaschen. Was wahr ist, ist wahr. Allerdings stellen wir uns ungern vor vollendeten Tatsachen, denn der beste Tratsch findet unter verdeckten Geschützen statt und es werden nur gleichgesinnte dazu eingeladen.

Verschwiegenheit ist relativ. Wir behandeln Themen, die in der Frauenwelt gerade so pressant sind oder hoffen, dass sie es werden. Den Schützengraben verlassen wir nur, wenn das eigene Revier bedroht ist. Das könnte in dem Fall die eigene Beziehung sein oder ein Thema was die familiäre Harmonie stört.

In diesem Fall, erfahren es natürlich die Männer. Alles andere wird bei einem Frauentreffen in den Einzelheiten zerpflückt, und in die Bestandteile wieder zusammengesetzt.

Nehmen wir zum Beispiel das Thema Sexleben. Wir Frauen gehen grundlegend ganz offen damit um. Einem Mann jedoch ganz abgebrüht zu sagen, wie er wirklich im Bett ist, steht außen vor. Wir Frauen debattieren das mit der weiblichen Runde und versuchen die Steuerung der Problematik zu finden, um das Problem aus der Welt zu schaffen.
Ganz von allein. Das fängt schon beim Vortäuschen an. Denn wie die Frauen alle wissen, der Mann ist niemals schuld, am Empfinden der Frau! Er kennt es nicht anders.
Wenn alle Stricke reißen und die unterschwelligen Botschaften der Frau scheinen keine Früchte zu tragen, kommen all ihre Geheimnisse dann doch ans Licht. Natürlich ist dieses Ergebnis nicht ganz repräsentativ. Doch ein Indikator für ein nicht auszurottendes Klischee zum Thema Schwatzhaftigkeit ist es alle male.

Deshalb werden Sie von einer Damenrunde auch selten Zustimmung zum Thema Porno hören.

Die offizielle Version wird den Vorhang nie fallen lassen. Nie im Leben würden Frauen sich solche Schmutzfilmchen ansehen. Werden dort doch Frauen diskriminiert und erniedrigt. Empörung und Entrüstung sprechen Bände. Kurze Bemerkung am Rande, Frauen mögen Pornos. Das trifft allerdings nicht allgemein auf jede Frau zu und wird nicht einmal in einer Frauenrunde breit getreten. In dieser Kategorie sind dennoch Männer Vorreiter. Wir sind bestimmt nicht prüde, nur in die Öffentlichkeit posaunen wir das schlichtweg nicht hinaus. Es gibt wirklich Schlimmeres. Ein wirklich leidiges und den meisten Frauen überaus peinliches Thema, über das sie nie mit Ihnen reden wird ist der Damenbart. Was kaum ein Mann weiß, viele Frauen haben ihn und gehen deswegen zum Kosmetiker. Kein Wunder, in den seltensten Fällen stehen Männer auf maskuline Gesichtsbehaarung bei ihrer Angebeteten.

Deswegen wird jede Spur dessen schnellstens per Pinzette eliminiert und die bloße Existenz eines solchen totgeschwiegen. Sollten Sie doch ein Haar am Kinn Ihrer Herzdame entdecken, wagen Sie es bloß nicht, das anzusprechen. Es sei denn, Sie haben ein Faible dafür, wovon wir Frauen nicht ausgehen.

Die Geschichten starker Frauen

Es begleitet uns aus der Geschichte, viele tolle Frauen, die ihre Stärke kundtun oder getan haben und in unseren Gedanken fest verankert bleiben.

Sie sind Ikonen und lassen uns an die weibliche Energie glauben, die uns „normale" Frauen ausmacht.

Wir Frauen stehen nicht immer im Schatten der Männer. Von den geschichtlichen Helden-Frauen können wir vieles lernen.
Die Vorbilder der weiblichen Vollkommenheit erzählen sich aus ihren Taten und lassen uns an die Gerechtigkeit glauben.

Die, wie ich finde, größten Heldinnen der Geschichte sind…

Sie schrieb ihre Autobiographie in ihrem Buch nieder.
Mit „Becoming“ hat Michelle Obama ein sehr persönliches Buch über ihre Lebensgeschichte veröffentlicht. Dadurch, dass sie auch die schmerzhaften Erfahrungen und Enttäuschungen nicht ausspart, will sie anderen Frauen Mut machen. Nur eines will sie bestimmt nicht. sie will nicht kandidieren. Sie will nicht US-Präsidentin werden.
Damit räumt Michelle Obama ganz klar in ihrem Buch auf.
„Das wollen manche Leute. Aber was will ich für mich? Manchmal kann man von dem, was andere Menschen für einen wollen, mitgerissen werden. Aber ich weiß, dass meine Leidenschaft, meine Talente ganz woanders liegen, nicht in der Politik.“

426 Seiten zählt „Becoming“. Michelle Obama erzählt darin ihre Geschichte. Das Buch ist in drei Teile unterteilt: Becoming me, Becoming us, Becoming more. Michelle Obama erzählt, wie sie geworden ist, wer und was sie ist. Von ihren Wurzeln in einer Arbeiterfamilie von der Süd Seite in Chicago über Princeton, Harvard und ihre Ehe mit Barack Obama bis ins Weiße Haus.

Dabei offenbart die ehemalige First Lady sehr persönliche, schmerzvolle Erfahrungen, als sie nicht schwanger wurde. Die Passage aus ihrem Buch:
„Es stellt sich heraus, dass selbst zwei entschlossene Macher, die sich sehr lieben und eine harte Arbeitsmoral haben, keine Schwangerschaft erzwingen können.

Es ist unerträglich, aber es gibt keine direkte Verbindung zwischen Bemühen und Belohnung. Für mich und Barack war das überraschend und enttäuschend."

Michelle Obama will anderen Frauen mit ähnlichen Erfahrungen Mut machen. Erfahrungen wie ihre mit einer Fehlgeburt und künstliche Befruchtungen seien immer noch Tabu-Themen.

Sie, die gewissenhafte Frau, die To-do-Listen abhakt, beschreibt wie es war, den umtriebigen, weniger organisierten Barack Obama zu treffen. Wie sie sich in ihn verliebt, wie es war mit seiner ständigen Abwesenheit wegen seiner politischen Karriere zu leben und wie sie gemeinsam mithilfe einer Eheberatung an ihrer Partnerschaft gearbeitet haben.

Donald Trump beschreibt sie als frauenfeindlichen Rüpel und stellt klar, dass sie ihm nie verzeihen wird, dass er die Spekulationen, ob Barack Obama überhaupt in den USA geboren wurde, immer wieder befeuert hat:
„Die Gefahren, denen man als Präsident ausgesetzt ist, sind real. Deine Kinder sind gefährdet. Während man selbst in dieser Blase lebt, leben deine Kinder außerhalb dieser Blase."
Michelle Obama hatte Angst. Diese Angst ist in vielen Medienschriftstücken vertreten.
Quelle: https://derstandard.at. https://deutschlandfunk.de.

Mit ihrer Geschichte geht die erste schwarze First Lady der USA nun auf Stadiontour.

In den USA gibt es eigens Release-Parties in Buchhandlungen, weil viele gleich als erste das Buch haben wollen. „Becoming" ist die Geschichte einer Frau, die Das Vorbild vieler Frauen in den USA ist. Eine Ikone, die hier ihre private, menschliche Seite zeigt.

Ich persönlich bin davon überzeugt, dass sie eine der Wertvollsten Fist-Ladys der Vergangenheit war und auch wenn sie es nicht wollte, eine vorzeige Präsidentin der USA geworden wäre.

Der Wortlaut: „Männer und Frauen sind gleich" verankerte Sie in das Grundgesetz. Eine Wahrheit, die nur wenige aussprechen.
Die Verabschiedung des Grundgesetzes war nach den eigenen Worten von Elisabeth Selbert die „Sternstunde ihres Lebens", doch im Grunde war es nur der Anfang.
Es folgte ihre jahrzehntelange Beteiligung an der Anpassung des patriarchalisch geprägten Familienrechts an den Gleichberechtigungs-Anspruch der Verfassung. An dieser Stelle ist es wichtig zu betonen, dass sie nie als Frauenpolitikerin verstanden hat. Sie war überzeugte Sozialdemokratin und kämpfte darum, sozialdemokratische Politik durchzusetzen.
Es waren also nicht die Frauen, die gegen die Männer für die gleichen Rechte kämpften. Es war kein gewaltiger Proteststurm, der schließlich zur Annahme des Artikels führte. Die Durchsetzung des SPD-Antrags war vielmehr das Ergebnis einer politischen Kampagne. Es war eine parteipolitisch und rhetorisch geschickt agierende Elisabeth, die den Protest wesentlich größer erscheinen ließ als er tatsächlich war.

Quelle: https:// wikipedia.com https://haus-des-erinners-mainz.de

Marilyn Monroe

Die Kämpferin gegen das Klischee der naiven Blondine.

Marilyn Monroe, geboren als Norma Jeane Mortenson, war eine der bekanntesten und sinnbildlichsten Schauspielerinnen des 20. Jahrhunderts. Sie wurde oft als eine naive Blondine dargestellt, das nur für ihre Schönheit und ihren Sexappeal bekannt war. Doch hinter diesem Klischee verbarg sich eine starke und kämpferische Frau, die gegen die Vorurteile und Einschränkungen ihrer Zeit ankämpfte.
Monroe wurde am 1. Juni 1926 in Los Angeles, Kalifornien, geboren. Ihr Leben war von Anfang an von Schwierigkeiten geprägt. Sie wuchs in verschiedenen Pflegefamilien auf und hatte eine schwierige Kindheit. Doch sie ließ sich nicht von den Umständen entmutigen und verfolgte ihren Traum, Schauspielerin zu werden.
Ihre Karriere begann in den 1950er Jahren, als sie in Filmen wie "Niagara" und "Blondinen bevorzugt" auftrat. Doch Monroe wollte mehr sein als nur eine naive Blondine, das Männerherzen höher schlagen ließ. Sie kämpfte gegen die Vorurteile und versuchte, anspruchsvollere Rollen zu bekommen, die ihr schauspielerisches Talent zeigen konnten.

Monroe gründete ihre eigene Produktionsfirma, Marilyn Monroe Produktion, um mehr Kontrolle über ihre Karriere zu haben. Sie nahm Schauspielunterricht und arbeitete hart daran, sich als ernsthafte Schauspielerin zu etablieren. Ihr Durchbruch kam mit dem Film "Manche mögen's heiß" im Jahr 1959, in dem sie bewies, dass sie mehr war als nur ein hübsches Gesicht hatte.
Doch Monroe kämpfte nicht nur gegen das Klischee in der Filmindustrie, sondern auch gegen persönliche Probleme. Sie litt unter Depressionen und hatte Schwierigkeiten, ihre eigenen Bedürfnisse und Wünsche auszudrücken. Trotzdem setzte sie sich für ihre Rechte ein und kämpfte für bessere Arbeitsbedingungen für Schauspielerinnen.

Sie war eine talentierte und vielseitige Schauspielerin, die in der Lage war, sowohl komödiantische als auch dramatische Rollen zu meistern. Sie war bekannt für ihre Schönheit, ihren Charme und ihre magnetische Ausstrahlung.
Monroe war jedoch nicht nur ein hübsches Gesicht. Sie war eine sehr intelligente Frau, die sich für Literatur, Kunst und Politik interessierte. Sie war eine leidenschaftliche Leserin und hatte eine tiefe Liebe zur Poesie.

Monroe kämpfte gegen das Klischee der naiven Blondine an, indem sie ihre Intelligenz und ihre Fähigkeiten als Schauspielerin unter Beweis stellte.
Sie war auch eine Frau, die ihre Sexualität offen auslebte und sich nicht den gesellschaftlichen Normen und Erwartungen unterwarf. Monroe hatte mehrere Ehen und Beziehungen, darunter auch mit berühmten Persönlichkeiten wie Joe DiMaggio und Arthur Miller.

Sie war eine Frau, die ihre eigenen Entscheidungen traf und sich nicht von den Erwartungen anderer einschränken ließ. Monroe war eine Ikone ihrer Zeit und hat bis heute einen großen Einfluss auf die Popkultur.

Sie hat gezeigt, dass Frauen nicht auf Stereotypen reduziert werden sollten und dass sie in der Lage sind, ihre eigenen Wege zu gehen und ihre eigenen Entscheidungen zu treffen.

Insgesamt hat Marilyn Monroe gegen das Klischee der naiven blonden Frau angekämpft, indem sie ihre Intelligenz, ihre Talente und ihre sexuelle Freiheit zum Ausdruck brachte. Sie hat gezeigt, dass Frauen vielschichtig und komplex sind und dass sie nicht in eine vorgefertigte Rolle gedrängt werden sollten.

Ihr Vermächtnis lebt bis heute weiter und inspiriert Frauen auf der ganzen Welt, sich selbst treu zu bleiben und für ihre Träume und Ziele einzustehen.

Frauenpower

In Folge der Geschichte gab es schon mehr als einhundert starke und inspirierende Frauen die unser aller Leben verändert haben. Mit absoluter Sicherheit werden in Zukunft noch mehr Frauen zur Tat schreiten und in die Fußstapfen treten und unsere derzeitige Geschichte zum Besseren ändern.

Starke Frauen werden nicht einfach so geboren. Sie entwickeln sich aufgrund der Schwierigkeiten, die sie gemeistert und überstanden haben.
Stark sein bedeutet nicht, nie zu fallen, sondern den Mut und die Kraft zu haben, immer wieder aufzustehen.

Frauen wurden nicht geboren, weil Ihre Füße optimal hinter den Herd passen oder weil das Abwaschbecken der Form Ihrer Hände entspricht.

Nicht um Bier zu holen, nicht um den Haushalt mit Bravour, am besten noch in passender Montur zu schmeißen, nebenbei die Kinder bei bester Laune zu halten und obendrein nach Bilderbuchvorlage zu erziehen. Vor allem ganz sicher nicht, um den Partner zu therapieren und zu erziehen.

Nein, ganz im Gegenteil.
Wir bringen Leben zu Welt, wir sind Frauen und Mütter. Wir sind Heldinnen, wie sie im Buche stehen. Wir Hungern für unsere Kinder wenn es sein muss, unsere Reflexe sind schneller als jeder Wimpernschlag, unsere Augen gleichen dem eines Chamäleons, unsere liebevollen Umarmungen sind stärker als jede Arznei, wir haben die unsagbare Kraft das Gewicht der Erde auf unseren Rücken zu tragen, um unsere Liebsten zu beschützen. Wir halten die Familie am Laufen und vollbringen einen Spagat zwischen Job, Alltag und Kindererziehung.

Ladys, jede Frau ist eine Schlagzeile!

Wir sind das starke Geschlecht und sind uns unserer Weiblichkeit bewusst. Wir sind nicht kalt, gemein und wollen nicht für selbstverständlich gehalten werden. Wir möchten geliebt werden und Anerkennung erhalten für das, was wir tagtäglich sind.

Hinter jedem erfolgreichem Mann, steht immer eine noch stärkere Frau.
Hinter jedem erfolgreichem Kind, steht eine starke Mutter!

Auch wenn manch einer das nicht auf den ersten Blick erkennt, so lohnt sich sicherlich ein Zweiter. Wir verdienen Respekt, Loyalität, Liebe und Ehrlichkeit!
Denn genau das sind wir auch bereit zu geben und noch viel mehr!

Ich bin mir sicher, dass viele von uns noch weiter unsere Geschichte schreiben und Heldentaten vollbringen.

Eine starke Frau ist sich Ihrer Sache sicher und geht ihren eigenen Weg, sie wartet nicht auf Zufälle, sondern stellt sich ihren Herausforderungen und Wünschen.

Genau da liegt der Hase im Pfeffer begraben. Nur weil sich Frauen mit Leib und Seele aufopfernd, fürsorglich und bestimmt ihrer Sache widmen, gelten sie als dominant, eiskalt oder egoistisch. Liebe Frauen, lasst euch die Butter nicht vom Brot stehlen, nur weil wir stärker, emphatischer, bewusster und leidenschaftlicher sind als manche Männer.
Wir sind stolz auf die Ecken und Kanten unserer selbst, denn auch Diamanten sind nicht rund.

Angst vor starken Frauen, -Beziehungsdrama?

Es scheint immer noch erwähnenswert, dass starke Frauen genauso verletzlich sind, wie alle anderen Frauen.

Auch sie gehen durch tiefe Täler, machen Fehler, sind nicht permanent souverän, fühlen sich hin und wieder klein, haben Bedürfnisse, sind liebevoll, albern, laut und leise, wie jeder andere Mensch auch.
Innere Stärke definiert sich doch vor allem dadurch, wie mit Situationen und Erfahrungen umgegangen wird, die Eigenschaft, hier klar zu bleiben und für sich selbst einzustehen, das kann eine Beziehung sehr viel entspannter machen, als dass sie dadurch anstrengend wird.

Zumindest dann, wenn der Herzensmensch sich darauf einlässt, dass in einer solchen Beziehung wahrscheinlich mehr Freiheiten für beide Seite herrschen. Dezidiert sich die Freiheit auf Eigenes zu konzentrieren und den Alltag nicht permanent im Doppelpack zu bestreiten, kommt mehr Harmonie in die Beziehung.

Aber Freiheit muss man auch aushalten können. Wenn man das kann und dafür braucht es eben auch ein starkes Gegenüber, ist das doch einfach nur großartig!

Genau deshalb, verstehe ich die Angst von Männern vor starken Frauen nicht. Oder ist am Ende auch das nur noch ein Klischee?
Eventuell.

Wenn, dann kann man eventuell davon ausgehen, dass dieser Respekt vor einer Alphafrau durch eben solche verkorksten Stereotype bestimmt wurde. Obwohl es anscheinend immer noch Männer gibt, die sich von erfolgreichen Frauen einschüchtern lassen und sich das Buch „die Alpha-Mann Bibel“ auf den Nachttisch legen. Aber das ist noch einmal ein eigenes Thema, zu dem man in Kürze nur sagen kann: Emanzipiert euch doch mal von Rolle des Ernährers in Verbindung mit eurer Männlichkeit, das macht's auch für euch entspannter.

Dann gibt es eben noch jene Situation, dass sich Männer grundsätzlich zu starken Frauen hingezogen fühlen, um im Laufe der Beziehung davon vor den Kopf gestoßen zu werden, dass sie sehr eigenständig sind.

Aber Eigenständigkeit schmälert doch weder die Liebe, noch den Stellenwert der Beziehung. Eigenständigkeit gibt beiden Raum, zu wachsen und sich zu entfalten.

Doch was bedeutet diese Eigenständigkeit eigentlich? Ich habe das Gefühl, wir sprechen hier gern mal von sehr unterschiedlichen Perspektiven auf diesen Charakterzug.

Wer Diskussionen immer gewinnen will, für keinen Kompromiss bereit ist, sich stets laut und poltrig seinen Weg bahnt, nie auf den anderen hört oder ihn einbezieht.
Wer nicht zielstrebig, sondern rücksichtslos nur das Eigene verfolgt, ist vielleicht egoistisch, aber nicht mental stark.

Mir scheint es, es geht um die immer werdende Frage, wer ist Dominant und wer unterwürfig. Gegensätze ziehen sich bekanntlich an und diese Stellenwerte, werden oft in der Kennenlernphase oder erst in der entwickelten Beziehung, hinterfragt.

Wer innere Stärke hat, hat auch die Kraft, mit dem Blick über den eigenen Tellerrand der Beziehungen zu führen und die Perspektive eines anderen einzunehmen und wertzuschätzen.

Ebenso wie ein starker Mann die Frauen nicht klein halten muss, um sich gut zu fühlen, muss das umgekehrt auch keine starke Frau. Also bitte nicht verwechseln, was nicht zusammengehört.

Denn mit mental starken Menschen entsteht eine Partnerschaft auf Augenhöhe und nicht eine, in der ein Part den anderen aus einer Machtposition dominiert. Vielleicht sollten wir unsere Idee von Stärke mal hinterfragen und neu bewerten. Nein, hier geht es nicht darum, welche Löwin am lautesten brüllt, sondern darum, wie wir mit uns selbst und mit Mitmenschen umgehen, wie wir mit Problemen umgehen oder Differenzen und Herausforderungen handhaben.

Wie ernst man sich selbst nimmt und auch das Gegenüber. Sich und andere wichtig zu nehmen, das ist stark. Einen solchen Menschen, den können wir uns doch alle nur in unserem Leben und an unserer Seite wünschen. Ganz gleich ob Mann oder Frau. Genau deshalb gibt es auch keinen Grund, sich vor starken Frauen zu scheuen.
Im Gegenteil, denn einen starken Partner zu haben, ist für beide Seiten wunderschön.

Zum gegenteiligen Aspekt wird Naivität bei Frauen oft groß geschrieben.

Männer & Frauen

Lügner entlarven

Zu Naivität gehören zwei Paar Schuhe. Das eine ist der Lügner, der dem gutgläubigen Mitmenschen die Naivität entlockt und zum anderen, ja das leichtgläubige Gegenüber.

Der Lügner wird von zwei Gefühlen geplagt, die Angst und Schuld. Darum neigen Menschen, die nicht die Wahrheit sagen, dazu, plötzlich ihr Verhalten zu ändern, damit verraten sie sich.

Beispielsweise kann es aber genauso gut sein, dass das Gegenüber plötzlich aufhört, sich zu kratzen, dass er leiser, schneller, höher oder tiefer spricht, dass er seine Gestik und Mimik verändert. Der Lügner versucht, sich möglichst unauffällig zu verhalten, weil er nicht entlarvt werden möchte.

Darum wird er vielleicht plötzlich recht steif. Er wird eher nicht wild herumfuchteln. Lügner sind vorsichtig, darum sind nicht deren Verhaltensweisen auffällig, sondern die Verhaltensänderungen.

Die meisten Frauen sind sehr gut darin, Angst zu erkennen, aber kurioserweise nicht in der Lage, einen Lügner zu enttarnen. Wer aber weiß, dass ein Lügner sich durch Anzeichen von Angst verrät, wird auch ein Gefühl von Harmonie oder Disharmonie entwickeln. Die Frau achtet umso mehr auf ihr Bauchgefühl, wenn Ihr etwas komisch vorkommt, könnte das ein weiteres Indiz dafür sein, dass der Gesprächspartner nicht die Wahrheit spricht.

Ein guter Lügner beherrscht seine Geschichte. Oft passt das Gesagte nicht zum Inhalt und die Gestik stimmt nicht mit der Mimik überein.

Ein Beispiel, passend zu einer Geschäftsführerin, die für eine Stelle einen Mitarbeiter einstellen möchte.
Der Bewerber, der bei seinen Qualifikationen und seinem Lebenslauf mogelt. Der wird sich sehr wahrscheinlich gründlich auf seine Geschichte vorbereitet haben.

Wenn die Frau, mit diesem Kandidaten ein Bewerbungsgespräch führt, könnte sie ihn natürlich mit sehr gezielten Fragen überführen. Besser ist es, auf widersprüchliche Körpersignale zu achten.

Es ist fast wie beim Pokerspielen. Die Spieler versuchen beispielsweise durch das Tragen von Sonnenbrillen oder Halstüchern Mikroausdrücke in der Körpersprache zu verbergen. Diese winzigen Signale sind jedoch schwer zu unterdrücken und darum auch ein Schlüssel dafür, einen Lügner zu enttarnen.

Im Übrigen senden wir solche Signale vor allem dann aus, wenn wir unter Stress stehen, lügen bereiten uns Stress, denn es ist schwierig und anstrengend. Darum empfiehlt es sich nach Anzeichen von Stress zu suchen.

Um auf das Beispiel zurückzukommen: Verhandlungen, Personal- oder Bewerbungsgespräche sind doch immer stressig für den Bewerber. Ist es nicht zu einfach, von Stressanzeichen gleich auf eine Lüge zu schließen?

Wenn man das normale Verhalten des Anderen nicht kennt, dann schon. Darum führen Geschäftsführer in diesen Situationen auch immer einen Small-Talk am Anfang des Gesprächs um zweitrangig auch die Stimmung etwas aufzulockern.

Dabei lässt sich herausfinden, wie sich der andere verhält, wenn er entspannt ist. Natürlich gibt es Menschen, die immer steif sind, die immer sehr laut sprechen, sehr leise reden oder erst lange überlegen, bevor sie antworten.

Frauen sind naiver

Ob bei einem kurzen Gespräch nur wenige Minuten Small-Talk reichen, um das Normalverhalten kennenzulernen, sei dahingestellt. Wenn man nicht mehr Zeit hat, müssen diese Minuten reichen.

Jede Frau weiß, wir driften von einem Thema ins Nächste ab ohne dass es uns auffällt. Aber jetzt wieder zurück zum Beispiel.

Angenommen, es muss eine wichtige Verhandlung im Unternehmen geführt werden, bei der es um sehr große Summen geht.
Dann hat man ohnehin nur wenige Sekunden, in denen man aus dem Verhalten des Verhandlungspartners Rückschlüsse ziehen kann, um eine Entscheidung zu treffen.

Der Small-Talk zu Beginn des Gesprächs gibt zumindest Anhaltspunkte, wie der Verhandlungspartner tickt.
Letztlich entscheiden eben ein paar Minuten des guten Verhandelns über den Erfolg oder eben Misserfolg.

Frauen können zwischenmenschliche Signale besser deuten als Männer. Das ist sehr wahrscheinlich durch ihre Erziehung zu erklären, nicht notwendigerweise biologisch. Frauen sind meist sozialer, besitzen mehr Feingefühl, aber gleichzeitig sind sie weniger misstrauisch.

Frauen nehmen eher das wahr, was der andere sagt als das, wie er es sagt. Man muss sogar sagen, dass Frauen naiver sind. Allerdings nur so lange, bis sie belogen werden. Danach sind sie deutlich misstrauischer als Männer.

Sobald man verstanden hat, wie eine Lüge psychologisch funktioniert und weiß, auf welche Zeichen zu achten sind, geht es recht schnell, einen Lügner zu entlarven. Zu einem menschlichen Lügendetektor wird man in so kurzer Zeit aber natürlich nicht.

Uns Frauen geht es um die Wahrheit. Ich glaube, dass vieles im Leben und insbesondere im Berufsleben gerechter wäre, wenn wir häufiger die Wahrheit sagen würden.

Eine häufige Erklärung für Naivität liegt darin, dass eine Person noch keine negativen Erfahrungen gesammelt hat. Man vermutet, dass das besonders auf Menschen zutrifft, die sehr behütet aufgewachsen sind.

Der Gedanke: Eltern vermitteln ihrem Kind bestimmte Werte und leben diese vor. Diese Werte verinnerlicht das Kind und glaubt später, dass andere Menschen genauso denken. Solange diese heile Welt nicht erschüttert wird, bleibt die Person also naiv.

Demnach werden Frauen behüteter erzogen als Männer, was jeder Elternteil sehr gut nachvollziehen kann.

Intelligente Frauen, Fluch oder Segen?

Männer wollen keine klugen Frauen. Präziser ausgedrückt: Keine Frauen, die klüger sind als sie selbst. Intelligenz wird oft mit Wissen gleichgesetzt und Wissen mit Macht.

Beides sind Trugschlüsse, denn nur weil jemand intelligent ist, handelt dieser noch nicht automatisch klug oder ist automatisch intelligenter.
Auch Machtstrukturen verlaufen anders, sonst hätte sich wohl kaum ein Großteil aller Satiriker die letzten Jahre über den amerikanischen Präsidenten und seinen Intellekt lustig gemacht.

Diese Abwertung von wenig Intelligenz oder wenig Wissen rutscht allerdings auch schnell in eine Richtung.

Einmal ganz deutlich: Intelligenz oder Wissen, Denkfähigkeit oder Gehirnfunktion sagen nichts über einen Menschen aus. Gleichzeitig wird Wissen in den verschiedensten sozialen Schichten unterschiedlich verteilt, ein pure Klassengesellschaft. Intelligenz sorgt in unserer Welt aber leider durchaus für eine gesellschaftliche Wertung.

Wissen ist Macht, Macht sorgt für Wissen.

Denn wer an der Macht sitzt, kann darüber bestimmen, was als Wissen gilt.
Aber auch die Institutionen, die Wissen vermitteln sollten, die Schulen und Universitäten, stehen hier zur Debatte. Denn wo lernen wir berühmt berüchtigte Männer und ihre Taten kennen, ohne, dass berühmten Frauen und anderen genauso viel Raum bereitgestellt wird?

Wie unsere heutigen patriarchalen Machtstrukturen Geschichte verzerren, haben wir bereits im Kapitel, Frauen in der Führung, gezeigt. Intelligente Frauen passen nicht in dieses Bild, in diese Vorstellung der Welt als Spielplatz des dominanten herrschenden Mannes.

Nicht nur in der Arbeitswelt, haben es Frauen umso schwerer, desto intelligenter sie sind. Frauen mit einem gewissen Maße an Denkvermögen, bleiben auch länger Single.

Intelligente und hochbegabte Frauen hinterfragen sich selbst wesentlich stärker und zweifeln permanent an sich selbst. Sie sehen ihren Blick auf die Welt als fehlerhaft, hadern mit ihren analytischen Fähigkeiten und schweigen lieber.

Männer scheint es wenig zu interessieren, was eine wissende Frau zu sagen hat. Vielleicht aus einem Aspekt, weil sie sich in ihrer männlichen Ehre gekränkt fühlen und den urlaunischen Instinkt des Beschützens sich nicht an die Oberfläche traut.

Der Mann fühlt sich weitgehend eingeschüchtert und findet wenig Themen in denen er überlegen ist. Somit bleiben intelligente Frauen auch länger Single.

Intelligente Frauen und andere Marginalisierte stellen sich unwissend und naiv, sie schweigen, wenn sie eine Antwort wissen und denken gleichzeitig, dass sie und ihre Arbeit weniger wert sind, als Männer. Es ist ein Kreislauf, der sich in unserer Wirklichkeit längst etabliert hat.

Dumme Frauen sind klug

Eine Begründung dafür, warum Frauen sich in der Gegenwart von Männern dümmer stellen als sie sind, könnten biologische Prädispositionen sein. Diese besagen, dass Männer die Rolle des dominanten Parts in der Beziehung anstreben. Manche Männer brauchen das Gefühl, gebraucht zu werden. Das stärkere Geschlecht fühlt eine Verpflichtung gegenüber dem schwächeren Geschlecht. Die Rolle des Versorgers und Beschützers ist schon seit der Steinzeit dem männlichen Part der Beziehung zugeschrieben.

Die zweite Theorie ist etwas komplexer. Manche Frauen stellen sich dumm, um Männer in Sicherheit zu wiegen. Es geht darum, das männliche Ego zu streicheln und den Mann im Glauben zu lassen, er wäre der, der die Überhand hat, während die Frau die Fäden zieht.

Aus dem Volksmund behaupten auch einige Frauen, dass sie sich hilfloser stellen, als sie sind, um ihrem Mann das Gefühl zu geben, gebraucht zu werden. Sie bauen ihren Mann sozusagen auf, indem sie sich dumm stellen und ihm die Rolle des Retters zuschreiben.

Sich dumm zu stellen kann aber auch eine Art Schutzmechanismus sein. Frauen wird oftmals eingeredet, sie seien zu kompliziert oder ihre Ansprüche seien zu hoch.

Die Angst vor Zurückweisung ist manchmal so groß, dass man keine andere Option sieht als sich anzupassen. Man fängt an sich zurückzuhalten, um den Mann nicht zu verscheuchen. Man redet seine Erfolge klein oder hört lieber zu, anstatt von eigenen Karriereplänen zu berichten. Denn es ist wichtiger jemanden zu gefallen, als sich selbst zu gefallen, oder? Das lernt man schon als kleines Mädchen.

Dennoch gibt es immer wieder beleidigende Bemerkungen wie zum Beispiel „die ist noch einen Meter über ihren Kopf so blöd".
Das Klischee der blonden Frau ist all gegenwärtig und jeder von uns kennt mindestens einen Blondinen Witz.
Wir Frauen stellen uns dennoch nicht unter den Scheffel und zeigen was wir können.

Frauen sind kompliziert, Männer noch mehr

Vom Versorger und Familienoberhaupt zum Teilzeit-Papa und Frauenversteher. Vom behaarten James Bond-Macho zum perfekt epilierten sensiblen Liebhaber.

Das ist eine ganz schön umfangreiche Wandlung, die die Herren der Schöpfung in den letzten Jahrzehnten absolviert haben. So manches Exemplar ist auch heute noch ziemlich am straucheln, wenn es um die Definition der eigenen Rolle geht. Kein Wunder, denn früher war klar definiert, was man von einem Mann erwartete.

Er sollte stark und im Kern seines Verstands abgehärtet sein, ein Versorger und vor allem auch ein Verführer. Gefühle oder Schwäche zu zeigen galt damals als unmännlich.

Dass diese alte Rolle Vergangenheit und längst nicht mehr erwünscht ist, leuchtet ein wenn man sich in der Öffentlichkeit mal genau umschaut. Die Frage aber ist, was verstehen wir heutzutage unter Männlichkeit und wie sieht die dazugehörige Rolle "Mann" aus?

Fest steht die neue Rolle des Mannes stellt sich in der Gegenwart um einiges komplizierter dar und man kann schon fast behaupten, sie seien komplizierter als Frauen.
Eine eindeutige Definition wie es sie in der Vergangenheit gegeben hat, gibt es nicht mehr. Unendlich viele Facetten und widersprüchliche Erwartungen, die an den Mann gestellt werden, machen eine klar abzugrenzende Bestimmung schlichtweg unmöglich.

Kein Wunder also, dass sich immer mehr Männer auf der Suche nach ihrer Rolle hoffnungslos überfordert fühlen.

Hilfreich wäre in diesem Zusammenhang zum einen, dass Männer verstehen, dass es nicht mehr einfach ausreicht nur Versorger zu sein und zum anderen, dass sie aktiv werden müssen, sich nicht in eine neue Rolle drängen lassen, sondern sich selbst ein neues Männerbild schaffen.

Eines, mit dem sie sich wohlfühlen und das auch den modernen Anforderungen entspricht.

Anforderungen an den modernen Mann von heute, das wünschen sich die Frauen

Liebe Männer, zunächst müsst ihr wissen, dass die Befürchtung, die heutigen emanzipierten Frauen würden am liebsten ganz ohne Männer klarkommen, Karriere und Kindererziehung ganz alleine meistern, eine Angstvorstellung allein von euch Männern ist.

Keine Frau will alleine sein! Frauen brauchen Männer, genau wie es umgekehrt der Fall ist. Sie wünschen sich auch einen Partner auf Augenhöhe. Er soll für Gleichberechtigung in der Partnerschaft stehen, sensibel und verständnisvoll, aber dennoch ein echter Mann sein. Zudem sollte man ein Beschützer und Unterstützer sein. Auch das ist klar, Frauen wollen eine faszinierende Persönlichkeit. Das ist ihnen wichtiger, als ein perfekt durchtrainierter Körper.

Sie wollen einen selbstbewussten Mann, einen Mann, der weiß was er will. Verunsicherte Softies hingegen wollen sie genauso wenig wie altmodische Machos.

Männer brauchen sich heutzutage auch nicht mehr ständig zu beweisen.

Genau da liegt die Nadel im Heuhaufen begraben. Männer wissen heutzutage nicht mehr was sie wollen, weil sie sich gegenseitig nicht mehr profilieren müssen, haben sie ihren Kämpferinstinkt verloren. Zu gemütlich, lassen sie sich in die Hände der Frau fallen und ihr die Entscheidungen über. Das macht Männer umso komplizierter für uns Frauen.

Einerseits seid ihr unsere beschützende Hand, mit Herkules artiger Kraft unsere Felsen in der Brandung. Andererseits obliegt die Entscheidungskraft in Händen der Frau und der männliche Hase legt sich fromm in sein Nest.

Eine klare Definition ihrer Ansprüche in Hinsicht auf die Familie oder den Beruf tun sich Männer wesentlich leichter als Frauen. Ist ja auch ganz einfach die Warum-Frage dahingehend zu beantworten. Weil Frauen sich mit dem Kinderwunsch und eine Familie zu gründen, den Körper zerstören und mit der geopferten Zeit den Ansprüchen der Unternehmen nicht mehr gerecht werden können!

Deswegen denken Frauen dreimal über solche Entscheidungen nach und was sie da aufgeben. Männer hingegen, haben es leicht. Sie wollen entweder Kinder oder nicht! Sie nehmen den Job und gehen auf Weltreise, oder eben nicht.

Auf der Gefühlsachterbahn dreht sich die Komplexität um. Wir Frauen wissen aus reiner Intuition wenn es sich bei einem Mann um einen guten und halbwegs ausgeglichenen Familienmenschen handelt. Männer hingegen haben diese Intuition nicht, denn für sie ist das reine Kopfsache.

Bevor es überhaupt zu einem Treffen kommt, muss ein Mann zuerst über Textnachrichten nachdenken, in welche Richtung er das lenken möchte und wo sein persönlicher Ausgangspunkt festgelegt wird.

Wenn die männlichen Naseweise für sich klar definiert haben, was sie vom Leben wollen, können sie auch selbstbewusst dahinter stehen. Sie brechen sich keinen Zacken mehr aus der Krone, wenn sie mit ihrem Herzensmenschen über Gefühle sprechen oder im Job die Elternzeit einreichen.

Die Vorteile der neuen Männerrolle sind ebenso unergründlich, als das Wesen Mann selbst.
So kompliziert sich das Mann-sein in unserer heutigen Gesellschaft auch darstellt, es bringt auch einige Vorteile für die Herren der Schöpfung mit sich.

Im Vergleich zu den 1950er Jahren haben die Männer von heute beispielsweise viel mehr Möglichkeiten.

So können sie in vierter Ehe Kanzler werden oder als bekennender homosexuell regierender Bürgermeister sein.
Männer können unverbindliche Liebesaffären haben, ohne gleich heiraten zu müssen. Sie tragen nicht mehr die gesamte Last der Familienversorgung und haben dadurch mehr Freiräume sich zu verwirklichen.

Die meisten Männer des modernen Rollenbildes wünschen sich eine Beziehung auf Augenhöhe. Sie bevorzugen selbstständige, unabhängige Frauen und würden gerne aktiver am Familienleben teilhaben.

Es ist für sie selbst-verständlich, Aufgaben im Haushalt zu über-nehmen und der Beruf kommt nicht unbedingt immer an erster Stelle.

Was so einfach klingt, ist in der Umsetzung nicht immer ganz leicht. Viele Männer sind vom Kopf bereits moderner eingestellt, als es die gesellschaftliche Infrastruktur hergibt.

Fazit: Im Gegensatz zu vergangenen Jahrzehnten gibt es heute viele verschiedene Möglichkeiten, die Rolle „Mann“ auszuleben.

Wichtig dabei ist, dass Männer selbst aktiv werden und herausfinden, wie sie leben wollen und wie ihr eigener persönlicher Entwurf eines modernen Mannes aussieht, dann lassen sich auch die komplizierten Facetten der neuen Männerrolle vereinfachen.

Unterschied zwischen Mann & Frau

Die meisten Frauen drücken sich nicht klar aus. Vor allem das lässt Männer hin und wieder verzweifeln. Die Unterschiede zwischen den Geschlechtern sind zwar groß, doch nicht alles lässt sich ändern, zu vieles hat sich in Tausenden von Jahren gefestigt. Abgesehen von den Körperlichen Vorteilen einer Frau hingegen der Männer, besitzen Frauen einen drei- bis viermal größeren Wortschatz als Männer.

Klar, bei den Männern auf der Jagd war das Reden nicht wichtig, die Frauen konnten dagegen, wenn die Sippe zusammensaß, das Kommunizieren verfeinern. Welch ein Klischee, was sich bis heute durchgesetzt hat, denn woher kommen sonst die teuren Telefonrechnungen. Gebe es die Kommunikationsvielfalt bei Frauen nicht, darf ich fast behaupten, dass das I-Phone nie so populär geworden wäre.

Männer und Frauen benutzen einfach das Gehirn unterschiedlich. Die linke und rechte Gehirnhälfte verbindet ein Balken, der so genannte Corpus-callosum, der bei Frauen wesentlich ausgeprägter ist als bei Männern.

Deshalb können Frauen die beiden Gehirnhälften besser miteinander vernetzen und sind dadurch auch in der Lage, gleichzeitig zu kochen, zu telefonieren und zu putzen.
Frauen sagen nicht, was sie denken. Sie haben diesbezüglich eine andere Logik, was sich anhand eines simplen Beispiels erklären lässt.

„Frauen-Logik"

Sie will sich mit ihren Freunden auf ein Getränk in der Stadt treffen und freut sich darauf, weil das sehr selten vorkommt, dass all ihre Freundinnen am gleichen Abend Zeit haben. Sie zieht sich besonders Freizügig an und möchte ihre Kurven zum Ausdruck bringen.

Am späteren, schon sehr heiteren Abend, machen sich mehrere Typen auf schmierige Art und Weise an sie rann, was ihr natürlich den Partyrausch vermiest und abwertende Sprüche in Richtung der Männer fallen lässt.
Die Frau zieht sich aufreizend an, um ihre innere Schönheit nach außen zu tragen und sich in ihrem Körper wohl zu fühlen.

Wenn wir uns, sexy und heiß finden, sind wir nach unserer Logik das auch und haben Spaß daran zu tanzen. Das wir blicke auf uns ziehen, wissen wir. Nach unserem Denken, vergleichen wir uns mit einer Schaufensterpuppe. Angaffen, aber Finger weg! Es sei denn, die Frau findet einen Mann sehr anziehend, dann hat sie im richtigen Kleid leichteres Spiel. Genau das ist die Logik dahinter, nicht mehr und nicht weniger.

„Männer-Logik“

„eine Geschichte dazu“
Es war ein lauer Sommerabend, als Laura beschloss, mit ihren Freundinnen eine Bar zu besuchen. Sie hatten sich lange nicht gesehen und freuten sich auf einen unterhaltsamen Abend. Als sie die Bar betraten, fiel ihnen sofort ein Mann auf, der an der Theke saß und mit seinem selbstbewussten Auftreten die Blicke der Frauen anzog.

Laura und ihre Freundinnen setzten sich an einen Tisch in der Nähe und beobachteten das Geschehen. Der Mann schien sich in seiner Rolle als Frauenheld zu gefallen und flirtete mit einer leicht bekleideten Frau, die sich ihm gegenüber gesellte. Es schien ein leichtes Spiel für ihn zu sein, die Aufmerksamkeit der Frauen auf sich zu ziehen.

Doch plötzlich hörte Laura, wie die leicht bekleidete Frau einen abwertenden Spruch über Männer von sich gab. Der Mann war sichtlich verwirrt und konnte nicht verstehen, warum sie plötzlich so abweisend war. Sein Gesichtsausdruck verriet, dass er nicht mit dieser Reaktion gerechnet hatte.

In diesem Moment begann Laura über die Männer-Logik nachzudenken. Sie fragte sich, ob dieser Mann wirklich glaubte, dass er mit seinem Auftreten und seinen Flirtversuchen jede Frau erobern könnte. Vielleicht hatte er nie gelernt, dass eine wahre Eroberung mehr ist als nur oberflächliche Spielchen und abwertende Sprüche.

Sie beschloss also, dem Mann die Männer-Logik zu erklären. Laura stand auf, ging zu ihm und sagte: "Du magst denken, dass du hier ein leichtes Spiel hast, aber wahre Eroberung geht anders. Es geht darum, Respekt zu zeigen, auf Augenhöhe zu kommunizieren und echtes Interesse an der Person zu haben, anstatt nur oberflächliche Anmerkungen zu machen."

Der Mann war überrascht von Lauras Worten. Er hatte nie darüber nachgedacht, dass sein Verhalten vielleicht nicht das Richtige war. Er erkannte, dass er in seinem Streben nach oberflächlicher Bestätigung den eigentlichen Sinn des Kennenlernens verloren hatte.

Laura gab dem Mann den Laufpass und kehrte zu ihren Freundinnen zurück. Sie fühlte sich stolz, dass sie ihre Gedanken und ihre Meinung klar zum Ausdruck gebracht hatte. Sie wusste, dass sie sich nicht mit oberflächlichen Spielchen zufriedengeben würde.

Der Mann blieb zurück, tief in Gedanken versunken. Er begriff, dass wahre Eroberung nicht durch abwertende Sprüche und oberflächliche Flirts erreicht werden konnten.

Er beschloss, sein Verhalten zu überdenken und sich auf das Wesentliche zu konzentrieren - auf echte Verbindungen und respektvolle Begegnungen.
Und so endete die Geschichte der Männer-Logik mit einer Frau, die ihre Stimme erhob und einem Mann, der seine Denkweise änderte. Es war ein Moment der Erkenntnis und des Wachstums für beide Seiten, und vielleicht war es der Anfang einer neuen Art von Begegnungen und Eroberungen.

Weitere Unterschiede:

Die meisten Frauen lieben das Shoppen. Stundenlang können sie durch die Geschäfte schlendern, meist ohne zu wissen, was sie eigentlich wollen.

Bei Männern ist das anders, sie brauchen eine neue Jacke und gehen zielstrebig in einen Laden weiter. Für Frauen ist das eine Entspannungs-Oase, hingegen ist das Einkaufen für Männer einfach nur nervenaufreibend und stressig. Am liebsten würden sie bequem von zuhause aus, das was sie brauchen, bestellen.
Männer brauchen einen Pullover, weil es draußen kalt ist. Frauen kaufen sich Pullover, weil der so gut zur Tasche passt.

Nun kann man sich fragen, wo die Ursachen für dieses unterschiedliche Verhalten liegen. Schon zu Anbeginn der Menschheit gab es Unterschiede zwischen Mann und Frau. Unseren männlichen Vorfahren kamen drei Aufgaben zu, nämlich jagen, beschützen und befruchten.

Das Jagen und Beschützen funktionierte nur mit dem männlichen Nicht-viel-Denker. Das ist heute noch so, wenn man einen Anführer und Soldaten genauer ansieht.

Männer denken in Hierarchien. Sie wollen immer genau wissen, wer über ihnen steht und wo ihr Platz ist. In den Hierarchien ist es ganz unterschiedlich, denn es gibt Männer die nicht immer an der Spitze stehen wollen, sondern sich da wohl fühlen, wo sie sind.

Männer, unbestritten, die geborenen Angeber, die gern und fast schon perfektioniert mit Neuheiten und dem eigenen Auftreten prahlen und das noch nicht einmal selber so empfinden.

Das darf man den Männern auch gar nicht übel nehmen oder gar ausreden, denn sie brauchen das Lob, und zwar deshalb, weil Männer in der Hierarchie ihren Platz verteidigen müssen oder zumindest klar machen wollen, wo ihr Platz ist.

Die erste Möglichkeit wäre, dass Männer dabei um ihren Platz kämpfen. Den Ursprung nehmen wir aus er Urzeit, wie zuvor verdeutlicht, haben sich die Instinkte eingebrannt und das nicht nur bei den Männern.

Frauen haben den beschützenden Mutter-Instinkt von der Natur geschenkt bekommen, der heute als der Sechste-Sinn bekannt ist. Sobald der Mutter-Instinkt in uns Frauen geweckt ist, hören und riechen wir um ein vielfaches besser als Männer, um eine Gefahr zu wittern.

Der Instinkt ist für uns Frauen lebensnotwendig, denn in Kraft und Kampfgeist sind uns Männer klar überlegen.

Doch wollen Männer wirklich kämpfen? Nein, sie wollen siegen und zwar kampflos. Somit zeigen sie noch vor dem Kampf, dass sie das größere Auto oder das größere Haus besitzen oder die schönere Frau an ihrer Seite haben, in der Hoffnung, dass der Kontrahent klein beigibt.

Im Tierreich verhält es sich übrigens ganz genauso. Frauen brauchen das Angeben nicht. Sie wittern Gefahr, um ihre Jüngsten zu schützen, suchen sie schnell das Weite, von daher haben die weiblichen Rivalen kein Verständnis. Die menschlichen Provokanten streben die Auseinandersetzungen förmlich an.

Männern geht es gut, Frauen scheitern. Entscheidend ist: In dem Moment, wo wir wissen, warum das andere Geschlecht so tickt, können wir uns ein Stück weit darauf einstellen. Dumm ist nur, dass Männer gar nicht einsehen, warum sie sich einstellen sollten, weil die ganzen Strukturen, die wir in unserer Gesellschaft und in den Unternehmen haben, hierarchisch männlich aufgebaut sind.

Den Männern geht es gut in dieser Welt der Hierarchie, sie brauchen sich keine Gedanken darüber zu machen.

Jetzt kommen Frauen in diese Welt und wollen was werden oder etwas bewirken. Manche schaffen das auch, aber die meisten scheitern nach wie vor, weil sie eben die hierarchische Gesetzmäßigkeit nicht als ihre natürliche Gesetzmäßigkeit empfinden. Frauen denken in Beziehungen.

Die Arbeit der Frauen vor Tausenden von Jahren bestand darin, Beeren, Früchte und Pflanzen zu sammeln, Mehl zu mahlen, Kinder zu bekommen, zu behüten und so weiter und so fort. Frauen hatten also sehr viele Aufgaben.

Damals mussten die Frauen sehr viele Kinder hüten. Es gab immer wieder Phasen, wenn sie sich zum Wäsche waschen am Fluss aufhielten, wo sie gar nicht auf ihre Kinder aufpassen konnten. Also mussten sie andere Frauen finden, die auf ihre Kinder achten, als wären es die Eigenen. Dazu braucht man keine Hierarchie, sondern ein Gespür für die Mitmenschen. Genau eben den Sechsten-Sinn, das eigene Kind, jemanden anvertrauen können.

Und deshalb denken Frauen in Beziehungen, also waagerecht, niemals senkrecht. Frauen verstehen sich übrigens untereinander bestens, sie kommunizieren auf derselben Ebene.
Hinzu kommt, dass Frauen den ganzen Raum um sich herum wahrnehmen können. Das Blickfeld des Mannes ist typischerweise eingeschränkt, denn früher musste er sich beim Jagen auf das Ziel vor Augen konzentrieren.

Ein Mann weiß selbst in einem Raum, wo er sich erst kurz aufhält, wo die nächsten Türen sind, der nächste Fluchtweg und wer ihm gefährlich werden kann.
Eine Frau weiß dagegen innerhalb kürzester Zeit, wer zu wem gehört und verspürt gleichzeitig eine gewisse Sympathie.

Typisch Mann und typisch Frau

Männer neigen dazu, nicht zuzuhören. Männer haben auch kein Problem damit, die Gesprächs-Runde zu unterbrechen, ganz nach dem Motto: Ich bin hier der Chef, oder der, der redet, hat die Führung. Führung und Dominanz sind wichtig für die Männer und das meinen sie auch nicht böse. Wenn Männer von anderen Männern unterbrochen werden, ist kein Mann beleidigt. Sie versuchen einfach, das Wort wieder zurück zu erobern, um der Führende im Gespräch zu bleiben.
Frauen finden es nicht so angenehm, wenn sie unterbrochen werden. Deshalb unterbrechen sie in der Regel andere nicht. Jemandem das Wort zu nehmen, wäre für sie eine Störung der Beziehung. Dementsprechend passiert es oft, dass sie zwar etwas sagen möchten, aber bis auf eine Gesprächspause warten. Während sie auf ihren Einsatz wartet, hat ein Mann dasselbe gesagt und dafür alle Punkte eingesammelt.

Erzählt eine Frau einem Mann von einem Problem, gibt der Mann häufig einen Ratschlag. Er versucht, eine Lösung explizit für das Problem zu finden.

Eine Frau findet diese Ratschläge zwar anmaßend, glaubt aber, dass sie diese Anleitung befolgen muss. Das, obwohl sie diesen Ratschlag eventuell gar nicht hören, sondern einfach nur die Geschichte erzählen wollte. Wäre die Situation umgekehrt, würde die Frau eher die Gefühle besänftigen, als eine Lösung zu finden. So reden die beiden Geschlechter mal wieder aneinander vorbei.

Kritik:
Männer üben Kritik sehr harsch und halten erstmal fest, egal ob dem Anderen die Bewertung gerecht ist oder eben nicht. Das stellt sich meist später heraus.

Das geht wieder auf des Mannes Führungsanspruch zurück. Ein Mann, der unberechtigterweise angegriffen wird, kann damit umgehen, denn der Mann geht raus und sucht sich sofort das Ding, was ihm das Gegenteil beweisen lässt. Für Männer sprechen Taten mehr als Worte.

Die Frau hingegen nimmt eine nicht gerechtfertigte Kritik hin und frisst den Kummer in sich hinein.

Wählt man bei einem Mann die Konjunktivform, also beispielsweise: „Könntest du mal den Müll hinaus bringen", versteht er das als Auswahlmöglichkeit. Er denkt sich also, „kann ich tun oder muss ich eigentlich aber nicht". Die Frau meint das natürlich anders, für sie ist der Konjunktiv eine Höflichkeitsform.

Sie will keinen Befehl geben, sondern möchte lediglich den Partner höflich mitteilen, den Müll zu entsorgen.

Männer geben klare Anweisungen, klare Kommandos. Natürlich nicht einem höher gestellten Gegenüber. Frauen sind da etwas höflicher und wortgewandter.

Was uns Frauen dahingehend von Männern unterscheidet ist das wir alle Hierarchien gleich behandeln können.

Fehlt die Anerkennung bei Frauen, denken sie, nichts richtig gemacht zu haben.
Fehlendes Lob kann für eine Frau, insbesondere im Angestelltenverhältnis, extrem frustrierend sein. Angenommen, eine Frau verhält sich ab sofort wie ein Mann, was passiert dann?

Dann bekommt sie ganz schnell von anderen Frauen oder Männern Attribute wie Gouvernante oder eine schlechte Nachrede verpasst. Frauen, die sich also sehr stark wie Männer verhalten, sind nicht die beliebtesten.

Aber es gibt trotzdem ein paar Möglichkeiten, wie Frauen das Wissen um das geschlechterspezifische Verhalten geschickt für sich nutzen können.

Erfolg durch männliche Kraft

Erfolgreiche Frauen müssen weniger nett sein, weniger Gefühle, dafür aber auch mal Kante zeigen. Kurzum: Wer als Frau Erfolg haben will, muss sich verhalten wie ein Mann.

Warum eigentlich? Warum müssen Frauen, ihre vermeintlich weichen, weiblichen Eigenschaften verleugnen und ablegen, um Erfolg zu haben? Weniger lächeln, eiskalt sein und auch mal die Ellbogen einsetzen. Karriereratgeber für Frauen listen solche und ähnliche Tipps als gute Methoden, um im Job weiterzukommen.

Was die Tipps eint, ist, dass sie Frauen empfehlen, sich männlicher zu verhalten. Während typisch weibliche Verhaltensweisen eher weich sind, sind männliche Verhaltensweisen härter und damit offenbar wirtschaftlicher.

Man schreibt Männern zu, rational, kühl und durchsetzungsstark zu sein. Die Logik der Karrieretipps für Frauen ist zunächst also nachvollziehbar.

Je weiter eine Frau in der Unternehmenshierarchie nach oben klettert, umso wahrscheinlicher sind ihre gleichrangigen Kollegen Männer. Ihre Verhaltensweisen zu kopieren erscheint da nur logisch, schließlich heißt es nicht umsonst: „Wenn du in Rom bist, verhalte dich wie die Römer."

Blöd nur, dass das nicht so einfach ist. Im besten Fall wird man als eine von den Jungs' akzeptiert. Viel wahrscheinlicher ist aber, dass Verhaltensweisen, die bei einem männlichen Kollegen als Führungsqualitäten ausgelegt werden, eine Frau zur Zicke oder Arrogant wirken lassen.

Das die Sängerin Beyonce schon vor Jahren sagte: „I'm not bossy. I'm the boss", ist in unseren Deutschen Führungsetagen noch nicht angekommen. Hier lässt man Frauen immer noch auf dem schmalen Grad des Boss-Begriffs balancieren und verurteilt sie harsch, wenn sie nicht dem Bild entspricht, das man von professionell hat.

Egal ob das Anpassen an maskuline Verhaltensweisen funktioniert oder nicht, Frauen kostet das viel Kraft. Neben den Aufgaben, für die man eingestellt worden ist, hat man als Frau noch die Fleißaufgabe, dass man doch bitte möglichst professionell sein soll.

Professionell sind dabei Verhaltensweisen, die aber wiederum als typisch männlich konnotiert sind. Man soll knallhart sein mit den Mitbewerbern oder Kollegen, wobei die Grenzen zwischen den Gruppen oft sehr fließend zu sein scheinen. Man soll sich selbst und seine Fähigkeiten verkaufen nach dem Motto „Fake it till you make it".
Man soll vor allem aber die Gefühle aus dem Spiel lassen.

Das Privatleben und die Arbeitskollegen dürfen niemals die rote imaginäre Linie überschreiten. Das bedeutet genauso, Entscheidungen vermeintlich gefühllos zu treffen, wie sein Privatleben aus der Arbeit rauszuhalten.
Die Frau berücksichtigt bei Personalentscheidungen die Motivation der zukünftigen Mitarbeiter mehr als deren Noten?
Unprofessionell.

Die Bitte in den Raum zu stellen, ein Meeting nicht um 18:00 Uhr stattfinden zu lassen, weil die Kinder wichtiger sind?
Unprofessionell.

Typisch männliche Verhaltensweisen prägen unser Bild davon, was professionell ist und was man tun muss, um erfolgreich zu sein. Die Folgen dieses Fokus auf maskuline Verhaltensweisen in der Wirtschaft sind nicht nur auf Frauen beschränkt. Die Finanzkrise 2008 wurde ausgelöst durch hochspekulative Börsengeschäfte. Die Finanzbranche, die dahintersteht, brüstet sich nicht nur in Filmen wie „ The Wolf of Wall Street“ damit, knallhart und auf den eigenen Vorteil bedacht zu sein.

Der Großteil der leitenden Angestellten auf der Wall Street? Männer.

Es muss gesagt werden, dass es unfair ist, Männer pauschal dafür verantwortlich zu machen, dass die Weltwirtschaft fast vor die Hunde gegangen wäre. Das ist auch gar nicht der Punkt.
Nicht das Geschlecht der Führungsriege per se macht es Frauen in der Karriere schwer. Es sind die Rollenbilder, die mitschwingen und als Erfolgsfaktor definiert werden.
Die Lösung: Unternehmen und ihre Führungskräfte müssen offener sein, wenn es um ihre Definition von Professionalität geht.
Nicht aus purer Nächstenliebe.

Die absurde Männerwelt

Männer sind mitunter eigenartige Wesen. Zu den befremdlichsten Eigenschaften der Hälfte der männlichen Gattung, Homo Sapiens, gehört die Lust am herum Basteln, die Faszination für technische Daten und die Begeisterung für alle Finessen von Produktions- und Herstellungsprozessen.

Aus diesem Grund stürmen Männer Baumärkte, kaufen absurde Fachzeitschriften, in denen sich über Elektrolyt Kondensatoren und Nockenwellen Sensoren ausgelassen werden, und vertiefen sich mit Hingabe in die Schaltpläne ihrer High-End-Anlage und die Konstruktionszeichnungen von Vergasern.
Wie gesagt: Das alles ist äußerst seltsam.

Doch immerhin kann man dieses absonderliche Treiben als Ausdruck des heroischen Wunsches sehen, die Welt schraubend, lötend und schweißend besser und effizienter zu machen. Noch etwas abstruser wird es, wenn Männer sich mit Leidenschaft und letzter Hingabe Wissen aneignen, das selbst mit größter Phantasie weder unter der Rubrik „Bildung“ verbucht werden kann noch irgendeinen entfernten Nutzen darstellt.

Vermutlich zeigt sich in dieser Neigung das tiefe Bedürfnis des Mannes, Fachmann für irgendetwas zu sein. Aus diesem Grund können Männer die Aufstellung der Schalker Meistermannschaft von 1958 auswendig herbeten oder jederzeit einen philatelistischen Vortrag über die Besonderheiten von Flugzeug-Briefmarken der 60er Jahre halten.

Solange dieses männliche Streben nach Expertentum als liebenswürdige Marotte daher kommt, ist ja alles in Ordnung. Etwas penetrant wird es allerdings, wenn das damit verbundene Wissen als kulturell enorm wertvoll verkauft wird, dann haben wir es mit der Schreckgestalt aller harmlosen Genießer und dem sicheren Tod spaßiger Konversation zu tun: dem Kenner.

Die Lieblingsthemen, die der Kenner mit seiner Kennerschaft traktiert, lassen sich grob in zwei Fachgebiete einteilen: das Kulturleben und die Kulinarik. Komischerweise kapriziert sich der Kenner dabei mit größtem Vergnügen auf Gebiete, bei denen für den naiven Betrachter der, altertümlich ausgedrückt, sinnlicher Genuss im Mittelpunkt steht. Oper, Konzerte, Essen, Zigarren, Wein und Spirituosen.

In der Oper macht sich der Kenner regelmäßig durch lautes und deutliches Bekunden seiner Missgunst bemerkbar. Die richtet sich dabei nicht so sehr gegen die grausame Regietheater-Inszenierung. Das wäre dem Kenner zu primitiv. Sein Zorn richtet sich gegen die Sängerin der Titelrolle, die der großen Arie im 2. Akt stimmlich leider überhaupt nicht gewachsen war, was außer dem Kenner allerdings kaum jemand aufgefallen ist.

Nun bringen es Kulturveranstaltungen mit sich, dass einschlägige ambitionierte Zeitgenossen ihre Kenntnisse erst dann zum Besten geben können, wenn die Sache gelaufen und der Vorhang gefallen ist. Etwa wenn man eingepfercht zwischen den, zur Garderobe drängenden Massen und ohne jede Möglichkeit zur Flucht, ihren Ausführungen über die Leistungen der Darsteller lauschen darf.
Das perfekte Anmaßen von glauben-zu-Wissen und ich-könnte-das-besser, hört sich schon fast glaubwürdig an.

Ganz anders bei kulinarischen Veranstaltungen. Hier hat der Kenner unmittelbar die Möglichkeit, seine Umwelt an seiner feinen Sensorik und seinem umfassenden Wissen teilhaben zu lassen.

Was der Motte das Licht, das sind dem Kenner Proben und Verkostungen aller Art.

Seine Begierde ist die Messe, insbesondere die Weinmesse. Dort fühlt sich der Kenner in seinem Element, trifft er hier doch auf leidensfähiges Fußvolk, das kaum eine Chance hat, seinen Ausführungen zu entkommen. Getrübt wird dieses Erlebnis bestenfalls durch den Feind aller Kenner: den anderen Kenner.

Um keine Missverständnisse aufkommen zu lassen, nichts, aber auch gar nichts, spricht gegen ein gutes Gehör, gegen musikalisches Gespür, einen feinen, geschulten Geruchssinn oder ökologisches Wissen. Das ist alles ganz wunderbar und kann einem helfen, schöne oder auch wohlschmeckende Dinge noch mehr zu genießen.

Genau das aber ist der springende Punkt. Der Kenner ist kein Genießer. Um das Schöne, das Sinnliche, geht es ihm nicht. Er behandelt sein Wissen über Musik, Weine oder Essen wie der Hobby-Schrauber seine Kenntnisse von Flanschnormen.

Letztere sind unerlässlich, wenn man an einem Motor herumschraubt oder die Rohrleitungen eines Hauses renoviert, sonst endet die Geschichte im Desaster. Flanschnormen sind eine wichtige Sache. Ästhetisches Wissen jedoch ist erst einmal nutzlos.

Es hat nur einen Sinn, den ästhetischen Genuss zu erhöhen. Wissen über Musik, Wein oder Whiskey hat keinen praktischen Wert, zumindest so lange man nicht Winzer oder Brennmeister ist oder es sich in den Kopf gesetzt hat, eine Oper zu komponieren.

Ästhetisches Wissen in der Männerwelt, versetzt einen jedoch in die Lage, Dinge zu hören, zu sehen oder zu schmecken, die ungeschulte Gemüter nicht ohne weiteres wahrnehmen. Auch das muss natürlich nicht sein. Man kann sich in einem Konzert oder mit einer guten Flasche Wein auch ohne jede Vorbildung wunderbar amüsieren, keine Frage.

Ein bisschen Wissen über das, was man da konsumiert, macht die Sache mitunter aber doch kurzweiliger und lustiger.
Der Kenner hingegen ist im Grunde ein freudloser und unsinnlicher Gaukler. Ihm geht es nicht um den Genuss, sondern um Daten und Fakten.

Seine tiefe Verachtung gilt all jenen aus seiner Sicht schlicht gestrickten Zeitgenossen, denen ein Wein einfach schmeckt und die der Wirkung des Alkohols durchaus positiv gegenüberstehen.

Da der Kenner in der Tiefe seines Herzens ein Kostverächter ist, seziert er an jedem sinnlichen Eindruck solange herum, bis er alle Facetten eines Klang- oder Geschmackmomentes aufgedröselt hat. Das ist nicht nur unendlich freudlos, es lenkt auch noch von dem Wesentlichen ab.

Wein ist eben Wein und keine Mixtur aus gelben Früchten, Zitrusaromen und Kräuternoten. Dann könnten wir nämlich auch Multivitaminsaft trinken und dabei versuchen, seine Ingredienzien zu erraten.

Das wäre für den Kenner natürlich genauso absurd, wie detailliertes Wissen über die musikalische Entwicklung von Dieter Bohlen.

Deshalb ist der Kenner auch nie ein Fan, sondern ein Bildungsspießer, der seinen Mangel an Genussfähigkeit mit technokratischem Wissen kompensiert. Das ist natürlich irgendwie traurig. Aber muss man deshalb gleich seiner gesamten Umwelt den Spaß verderben? Bitte nicht!

Frauenkodex, gegenüber Männern

1. Männer sind Kenner, aber nicht immer Könner
2. Wir lästern nicht über Männer, wir analysieren sie
3. Wir lassen Männer ihre Meinung und widersprechen nur selten
4. Wir sind den Männern dankbar
5. Wir fühlen uns geehrt, wenn wir Komplimente bekommen
6. Wir stellen uns dumm für Männer
7. Wir beziehen Männer in unsere Entscheidungen ein, weil es unsere sind
8. Wir sind Powerfrauen, aber stehen hinter den Mann
9. Wir erziehen Männer wie uns es gefällt
10. Männer sind Macher

11. Wir loben Männer

12. Jede Frau weiß: Männer werden achtzehn Jahre alt, danach wachsen sie nur noch

13. Männer sind von ihren Trieben gesteuert, wir nutzen das auf unsere Weise

14. Männer wissen viel, Frauen wissen immer mehr, lassen ihn das aber nicht wissen

15. Männer wollen uns Frauen erobern

16. Männer sind keine Schweine, laut aussprechen dürfen wir Frauen dieses neckische Wort schon

17. Männer sind unsere besten Freunde

18. Wir Frauen rivalisieren uns nur mit anderen Frauen

19. Männer wollen auch mal Spaß, das wissen wir

20. Männer sind tolle Väter

21. Wir lassen den Männern den Vortritt

22. Wir lassen den Männern auch die feminine Seite zeigen

23. Männer sind schöner als Frauen

24. Wir steigen den Männern nicht auf die Füße

25. Wir zeigen Männer was ihnen gefällt

26. Wir erfüllen Männern gerne die Wünsche, wollen dafür aber auch etwas haben.

27. Wir verzeihen Männern immer, vergessen es aber nie!

28. Wir machen Männern das Leben leichter, auch wenn sie das nicht sehen und reiben es ihnen nicht unter die Nase. –außer im Streit.

29. Wir schätzen Männer für ihre Zuneigung

30. Männer lassen wir auch gerne mal ihre Schwäche zeigen

31. Was würden wir nur ohne Männer tun, wir machen uns für sie zum Affen

32. Wir lassen uns von Männern dankend einladen

33. Wir müssen uns von Männern nicht alles gefallen lassen

Nachwort

Ausgehend von diesem Abschluss, weiß ich mit Sicherheit, dass Frauen im Einzelnen, ein wahres Mysterium sind. Aus einer Perspektive, einer Frau, können das auch Männer von sich behaupten nicht immer die einfachsten Wesen dieses Planeten sein.

Ich bin froh eine Frau zu sein und stolz darauf, nicht immer perfekt in jedes Männerbild zu passen, denn das bin ich.

Mit allen Ecken und Kanten und diverse Aussagen, die vielleicht nicht immer zu den Themen passen. Während einer Konversation und Fehler die kein Zweiter nachmachen könnte. Ja, genau das beschreibt das Wesen einer Frau. Wir können auch über uns selber lachen und wissen, nicht immer alles so ernst zu nehmen.

Meine Kontaktinformation schreibe ich auf die letzte Seite, denn ich freue mich über Argumente und auch Gegenargumente, Situationen die vor Einzigartigkeit strotzen und belebende Erlebnisse.

Was bleibt jetzt noch? Liebe Leserinnen und Leser, Danke. Es bleibt mir immer eine Freude für euch zu schreiben.

Ich bedanke mich bei meinem Mann, der meine lustigen und skurrilen Facetten liebt, die ich als Frau so mitbringe und mich seit Jahren aushält, mir Ideen gibt und oft genug auf den Boden der Tatsachen zurückholt.

Ich bedanke mich zudem bei meinen Freundinnen, die mich in jeder Art des Wortwechsels dazu Inspirieren, alles aufs Papier zu bringen.

Danke an die größte aller Frauen, meine Mutter! Es gibt nichts Wertvolleres, als die Person, die einem das Leben geschenkt hat und die Hände in jeden Lebenslagen öffnet. Eine Frau mit Kampfgeist und Mut, eine Frau die viele Geschichten hat. Ich liebe dich.

Nina Tabea Berhuber-Scharniedling
nt.scharniedling@outlook.de

Printed by Amazon Italia Logistica S.r.l.
Torrazza Piemonte (TO), Italy

60015188R00145